LENGUAJE CORPORAL Y GRAFOLOGÍA

Analízate

POR PRIMERA VEZ EN UN LIBRO

MARYFER CENTENO

LENGUAJE CORPORAL Y GRAFOLOGÍA

Analízate

POR PRIMERA VEZ EN UN LIBRO

ANÁLISIS DE
LAS PERSONALIDADES MÁS IMPORTANTES
DE NUESTRO TIEMPO

El papel utilizado para la impresión de este libro ha sido fabricado a partir de madera procedente de bosques y plantaciones gestionadas con los más altos estándares ambientales, garantizando una explotación de los recursos sostenible con el medio ambiente y beneficiosa para las personas.

Analízate
Lenguaje corporal y grafología (por primera vez en un libro)

Primera edición: agosto, 2022

D. R. © 2022, Fernanda Centeno

D. R. © 2022, derechos de edición mundiales en lengua castellana:
Penguin Random House Grupo Editorial, S. A. de C. V.
Blvd. Miguel de Cervantes Saavedra núm. 301, 1er piso,
colonia Granada, alcaldía Miguel Hidalgo, C. P. 11520,
Ciudad de México

penguinlibros.com

D. R. © 2022, Céline Ramos, por las ilustraciones

ISBN: 978-607-381-717-2

Impreso en México – *Printed in Mexico*

La gente se asusta con lo diferente.
Se persigue a quien se atreve a decir la verdad.
Pero el mundo es de los distintos,
de los originales, de los irrepetibles.
Este libro es para ti porque eres único.
Atrévete a conocerte mejor: ¡Analízate!

Índice

Agradecimientos

Con todo mi amor para el amor de mi vida: Carlos Marín.

Me emociono al escribirte. ¡No sabes cuánto te amo! Haces que la vida sea de colores, que despierte feliz y protegida todos los días. TE AMO. Te admiro profundamente, llegaste para hacerme feliz y valiente, me ayudaste a encontrar mi voz y cada día haces que el cielo esté en la tierra.

A mis padres, los pongo juntos porque alguna vez fuimos nosotros tres y en ellos están mis bases. Mami, te amo, eres alegre, generosa y valiente, aprendo de ti a cada instante, en cada palabra, en cada aliento. Papá, gracias por siempre creer en mí, porque eres feliz y cada día más sabio. Los amo y los respeto profundamente, son mi raíz, mi origen y mi espejo. Es tan curioso como con el paso del tiempo he ido reconociéndome en ustedes, sin duda, soy su hija.

A mamá Carmelita, por ser mi compañera, mi aliada, quien me da forma. Por ti soy disciplinada, sé cocinar y me siento orgullosa de mis raíces oaxaqueñas.

A mi pequeño Yorkie, mi perrito, quien me convirtió en mamá. Gracias a ti sé que la inteligencia no es sólo humana, que no debo entender todo lo que sucede y que debo sentir. Yo te cuido y tú me das vida.

A Germany, Donna y Pastor, mis niños pastores alemanes. Los he visto crecer y, aunque ya no puedo cargarlos porque son enormes, los amo.

A mi abuelo Arturo Muñoz, quien escribió la historia de nuestro país en la *Enciclopedia de México*. Te amamos tal y como eres, así de maravilloso. Creo que si Serrat llegara a conocerte terminaría escribiendo una canción sobre ti.

A mis abuelos Alfonso y María, mis ángeles, mis raíces, ellos me cuidan y no me dejan nunca.

A mis hermanos en orden de aparición: Montserrat, Miguel Ángel y Jorge Alfonso. Estando ustedes no necesito a nadie más. Así que dejo por escrito que toda la vida y más allá veré y velaré por ustedes.

A mis muertos: tío Pepe, tía Yola Barroso, tía Yola Centeno, Gus Rodríguez y Magda Rodríguez. Me duelen cada segundo sus ausencias, están vivos en todos aquellos que los conocimos.

A mis suegros y a Fabian, por su solidaridad y cariño siempre, así como por querer tanto a Yorkie.

A mi familia elegida y también a los que me han elegido a mí.

A Carla Estrada, mentora, ejemplo, incondicional siempre, amor de mis amores. Te amo y te admiro. Juntas, juntas siempre.

A Víctor Trujillo, Paty Vella, Fernando Coca, Maricarmen Morfin, Leopoldo de la Rosa, Marissa Rivera e Ingrid Brans. Los lunes con ustedes jamás fueron malditos, como dice Alejandro Rosas. Gracias por hacer magia, por hablar siempre con la verdad.

A Nino Canun, por confiar en mí, por su generosidad.

A Reynaldo López porque cada día que pasa te admiro más. Inteligente, valiente, creativo, luchando por lo que crees, por construir.

A Dulce López, Maru Silva y Norma Vázquez, es un enorme privilegio coincidir con ustedes.

A Joaquín López-Dóriga, te admiro profundamente, te respeto y me motivas a ser impecable y precisa con mis palabras, así como lo eres tú. Te quiero y aquí estoy incondicionalmente.

A Dolores Colin, eres una maestra de vida, te quiero mucho.

A Andrea Rodríguez, caminar de tu mano es saber que me hablarás con la verdad. Te admiro, te quiero y agradezco profundamente tu amor, tu amistad y tu pasión.

A mi querido Juan Antonio Mateos, inteligente, generoso y práctico, gracias por aconsejarme, por ser y estar.

A Caro Manfredi, por tu pasión y amistad, hacer equipo contigo es extraordinario.

A Susana Zabaleta, eres amiga, cariñosa, valiente. La vida nos hizo coincidir y de tu mano quiero estar siempre.

A Eli Gruener, eres una mujer maravillosa y es un privilegio verte evolucionar.

A Luis de Llano, por tu voz, tu amistad, tu compromiso.

A Marco Flavio Cruz, aquí estoy siempre.

A todo el equipo del programa *Hoy,* con ellos me siento en casa y eso es de las cosas más bonitas del mundo.

A mi casa editorial, a David García Escamilla, Andrea Salcedo y César Ramos, algo bueno hice en la vida que me ha llevado coincidir con ustedes.

Y a ti principalmente, querido lector, que eres lo que me mueve, lo que me motiva. No olvides que estoy para ti siempre.

Introducción:
Escribe tu destino

No conozco nada más puntual que el destino, ni nada tan poderoso como la mente humana. Hay 7 730 millones de personas en el mundo, la tierra tiene 510 072 000 km² y tú tienes 86 mil millones de neuronas en el cerebro. Eso quiere decir que tu universo interno es mucho más grande que cualquier cosa que te rodea.

Digo esto con la única intención de que confirmes que dentro de ti están todas las herramientas que necesitas para lograr lo que quieres. Dentro de ti está toda la magia y todo el poder. En tu interior está tu presente y tu futuro, que se escribe con cada decisión que tomas. Tienes libre albedrío y una enorme capacidad. Abre tus ojos y tu corazón para verlo.

A pesar de toda esa grandeza sé que también te cansas, que a veces sólo das para resolver lo inmediato. No te juzgues, es normal, has sido fuerte demasiado tiempo, ¡has sobrevivido a tanto! Así como lo han hecho los protagonistas de las historias que te comparto en este libro. Ellos son voces reales, no voces sin cuerpo, como las que abundan en las redes sociales. Por la autenticidad de su vida es que decidí compartir estas historias que aquí se guardan. Se trata de historias de personas reales, que tú y yo conocemos y que, a través de su escritura, nos irán contando por qué son como son y por qué están donde están.

Encontrarás voces tan diversas como la de Alex Montiel, dios del internet. Historias sorprendentes, como las de Lucero y Victoria Ruffo. Mujeres que han amado lo que son y hoy el mundo conoce sus nombres, como es el caso de Michelle Rodríguez o Andrea Legarreta en su faceta más humana. Hombres como Daniel Bisogno, del que tanto se cuenta, y que aquí podremos escuchar hablar en primera persona. Y por supuesto Mauricio Mancera y su Plan B, así como Omar Chaparro, el cazador de sueños.

Cada entrevista retrata aspectos que van desde cómo nos sentimos físicamente hasta cómo configurar nuestro proyecto de vida y diseñar un plan B para no quedarnos sin barca de salvación cuando algo no sale como esperamos. Desde luego, estas historias también incluyen temas como la traición, la necesidad de reinventarnos y el perfeccionismo tóxico, cuestiones que son parte de la vida y que todos hemos experimentado en alguna ocasión. Pero, aun cuando estas historias son fascinantes, es esencial que no pierdas de vista que la historia más importante de este libro es la tuya. Por eso te sugiero que utilices las vivencias de los entrevistados como espejo para acercarte a tu propia historia y comenzar a escribir tu destino bajo tus propios términos.

Te explico entonces la estructura que sigue el libro para que puedas aprovecharlo al máximo. Tienes en tus manos un libro donde se mezcla el lenguaje corporal y la grafología, empleados como herramientas de autoconocimiento y como potenciadores de nuestro desarrollo personal. Comenzaremos hablando del lenguaje corporal, de lo que gritan y susurran tus gestos cuando crees que no dices nada, pero lo estás diciendo todo. ¿Qué significa la forma en que te pintas el pelo? Lo que eres, ¿está en los ojos? ¿Cómo distinguir una sonrisa falsa de una sincera? ¿Qué significan los saludos y cómo te das la mano con tu pareja?

Antes de entrar a realizar una serie de tests que he diseñado especialmente para ti, te propongo realizar un primer paso esencial: calmar la mente. Creo que esa "loca de la azotea" da rienda suelta a todos nuestros demonios, por lo que primero hay que guardar un momento de silencio para callar sus respuestas y escucharnos. Una vez que tu mente esté en calma y que tengas la disposición de trabajar en ti, lo único que vas a necesitar para este viaje será pluma y papel. Vamos a escribir mucho.

Después encontrarás los tests que te ayudarán a conocerte. Cuando los realices ten presente que nada es "bueno" o "malo". No te juzgues, simplemente intenta conocerte a través de tus respuestas. Estas prácticas están pensadas para que te ayuden a trabajar en tu seguridad, analizar tu lenguaje corporal y hacer estrategias para lograr comunicar mejor lo que piensas y sientes. ¿Cuál es tu edad mental? ¿Si fueras un elemento, cuál serias? ¿Qué debes quitar de tu firma? ¿Cómo independizarte y crecer emocionalmente? ¿Cómo está tu corazón? Serán algunas de las preguntas que estaremos explorando. Ten siempre presente que todo lo que escribas mientras realizas estos ejercicios cuenta, tanto el tipo de letra como los colores que elijas, el espacio del papel que utilices, todo tiene un significado.

Una vez realizados estos ejercicios te presento una teoría de la personalidad que he desarrollado basada justamente en los rasgos predominantes de la letra. Es decir, respecto al tamaño, la angulosidad y los grosores de tu letra —entre otros aspectos— he identificado un tipo de personalidad que he nombrado con letras, personalidad *Z, L, O, D*. Encontrarás que en cada uno de nosotros siempre hay una tipología de letra predominante que marcará el tipo de personalidad que prevalece, ya sea la del líder, el perfeccionista o el nervioso. Pero necesariamente esa letra y ese tipo de personalidad se tiene que combinar con rasgos de otras letras y otras personalidades, porque todos somos una mezcla, una combinación, somos humanos y en nosotros habitan muchas contradicciones. Por lo que en un primer momento podrás hacer el ejercicio de encontrar, a partir de tu escritura, la personalidad que prevalece en ti.

Por último, encontrarás las entrevistas que he realizado a personas que quiero y admiro. Verás cómo cada entrevistado pertenece a un tipo de personalidad diferente, conocerás sus historias de reinvención y te sentirás inspirado. Al final de cada entrevista encontrarás una pequeña reflexión sobre lo que aprendí del entrevistado o aquello que considero ha sido lo más determinante en su vida: el amor propio, la reinvención o la traición. Esto acompañado de uno o varios ejercicios que te ayudarán a trabajar ese aspecto en tu vida.

Comencemos entonces este viaje. Tu futuro es una hoja en blanco y tú eres esa mano que toma la pluma y diseña la ruta a transitar.

VAMOS JUNTOS.

Maryfer Centeno

Algunas personas saben desde que nacen que son fuego, yo me di cuenta hasta que empecé a quemar y me volví un incendio.

En la transformación pasas por varios procesos, el primero es el miedo que te recorre todo el cuerpo, incluyendo el alma. Después te caes, todo se oscurece, abres los ojos y te das cuenta de que sobreviviste. Supongo que es justo en ese momento cuando tu sangre empieza a cambiar, tu cerebro evoluciona y entonces avanzas. Te vuelves el elemento que asusta y sorprende. Como esos colibrís que no dejan de aletear, sigues avanzando. "Lo que no es igual sobresale", dice un tal Rene.

Yo creo que toda transformación empieza con un poco de miedo. No es que no te vayas a equivocar, es que la función de la memoria es aprender del error. El miedo es necesario, fue necesario que pasara por ti, que te revolcara dentro mientras no podías moverte. Pero ahora puedes volar. Te darás cuenta de que puedes hacer lo que quieras, sabes más, eres más inteligente que cuando empezaste y mucho más fuerte. El miedo es parte de la transformación.

1. Lenguaje corporal

Puedes callar los labios, pero tu cuerpo seguirá gritando. No todo es lo que parece o lo que expresas verbalmente, en el lenguaje corporal se guardan muchas de las claves para entender los significados últimos de lo que realmente piensas o de cómo te sientes.

Aunque parezca un mundo poco conocido, en realidad todos somos expertos en el lenguaje corporal. El problema es cuando nuestros prejuicios o lo que queremos ver a fuerzas se pone al control del volante. Es ahí cuando nuestro análisis sobre la comunicación no verbal de alguna persona o de nosotros mismos se vuelve totalmente errado, sólo proyectamos, pero no logramos ver con claridad ni analizar la situación.

Una de las primeras cosas que me enseñó Joaquín López-Dóriga fue que la objetividad no existe y creo que tiene razón. Existe algo que se llama sesgo de confirmación que es absolutamente humano. El sesgo de confirmación es la tendencia de la mente a buscar información que respalde los puntos de vista que ya tiene. Esto lleva a interpretar la evidencia de manera que apoye sus creencias y expectativas.

Es por eso que la mayoría de los comentarios y opiniones de las personas en las redes sociales generalmente son errados. Se dejan llevar por aquello que quieren ver o por lo que dice el primer comentario que leen. Ese primer comentario resulta muy importante porque logra influir de tal manera que nos nubla, sólo vemos lo que dice literalmente y no todo lo que hay detrás. En definitiva, aunque es verdad que llegar a la objetividad total es muy difícil, podemos con la práctica lograr acercarnos un poco más.

En este capítulo te pido que trates de soltar todo aquello que quieras ver, lo que quieras escuchar o incluso todo lo malo que piensas. Aquí nos vamos a ir desnudando, no con las palabras sino con nuestros gestos, con la sonrisa, los movimientos y expresiones corporales que están comunicando todo el tiempo. Ese es justamente el lenguaje corporal, la manera en que tu cuerpo comunica a los otros y se comunica contigo. En pocas palabras, el lenguaje corporal es la representación de las emociones de una persona. Por lo que cada gesto o movimiento es importantísimo para descubrir qué emoción se está experimentando.

Para descifrar o analizar el lenguaje corporal, las mujeres tienen más facilidades porque solemos ser más intuitivas y eso nos hace más sensibles a las verdades y las mentiras ajenas. Esto se debe a que nuestro cerebro está más conectado a las emociones. En cambio, el cerebro de los hombres está más conectado a las cosas.

Según Alan y Barbara Pease, existen tres claves para interpretar correctamente el lenguaje corporal de una persona:

1. Analizar de forma agrupada: esto quiere decir que no puedes fijarte en un solo detalle, si la mirada va a un lado o

hacia otro, si mira hacia abajo o hacia arriba. Es necesario fijarse en las manos, en la postura, en fin, en todo el cuerpo.

2. Buscar que sea congruente: si te están hablando de amor y de que te quieren, tendría que ser un lenguaje corporal cariñoso, con movimientos suaves y dulces. Si te están hablando de algo que genera enojo, los movimientos y el tono de la voz tienen que ser congruentes con ese enojo. Si te están diciendo que sí, la cabeza no puede moverse en dirección contraria.

3. Analizar el contexto: esto es esencial, piensa qué situación está atravesando la persona, si está haciendo frío o calor, sí está en un momento donde todas las cámaras y la atención está sobre ella, sí es una persona que ha sido criticada y es un tema que le da vergüenza. Piensa en el cuadro completo y no te quedes sólo con un fragmento.

4. A estos tres puntos me gustaría añadir dos más:

5. No quieras confirmar tus teorías: generalmente se trata de proyecciones equivocadas, por eso es tan difícil encontrar la verdad, estamos buscando confirmar algo, pareciera entonces que la verdad a nadie le importa.

6. No leas comentarios: vas a perder imparcialidad porque van a influir en tu perspectiva.

Una vez que tengas presente estas claves para entender el lenguaje corporal, es importante dejar en claro que lo que proyectas no verbalmente es algo que no se puede fingir. Lo puedes intentar, por supuesto, hay gente que lo hace maravillosamente, por ejemplo, los actores y algunos políticos, pero es imposible sostener tal performance por mucho tiempo. También es cierto que cuando fingimos nuestro lenguaje corporal es mucho más fácil engañar a un hombre que a una mujer. Pero en cualquier caso es muy difícil la simulación.

Cuando analices a alguien no olvides tomar en cuenta la personalidad y el temperamento; no es lo mismo que me analicen a mí que soy nerviosa que a alguien que no externe sus emociones.

Siempre que alguien me pide ayuda para estudiar el lenguaje corporal, ya sea para entender las emociones de los demás o por algo que ellos quieren proyectar, les comento que lo mejor es que se olviden del lenguaje corporal. Olvídate de los movimientos acartonados y de los significados de los movimientos de las manos. No sólo porque no son verdad sino porque los seres humanos somos sensibles y tenemos la capacidad de percibir emociones, especialmente cuando no son auténticas, eso nos habla de peligro. Saber las claves de los significados sirve como método de conocimiento, pero ten presente que proyectas lo que realmente piensas y sientes. Si quieres proyectar algo en concreto, en lugar de trabajar desde afuera, comienza explorando tus verdaderas emociones y creencias.

Una vez esto claro, comencemos a detectar toda la información que nuestro cuerpo alberga. Eso sí, ten presente que además de tener en cuenta el comportamiento de cada uno de los elementos del cuerpo que veremos a continuación, es importante considerar la personalidad, el estado emocional y el grado de formalidad de la persona con la que interactuamos, no es lo mismo una cena de amigos que un juicio como el de Johnny Deep y Amber Heard.

Cabeza

Lo primero que analizaremos de la cabeza es el cabello. ¿Has pensado en lo que tu cabello dice de ti? ¿De qué color te pintas el pelo o de qué color te gustaría hacerlo? ¿Qué cortes prefieres? Generalmente, cuando una mujer se corta el pelo o decide hacer un cambio de look radical es porque se vienen grandes cambios, como bien dijo Coco Chanel. Emocionalmente es un momento de tomar decisiones.

Colores oscuros: eres una persona que se sabe poderosa. Te gusta mantener cierta distancia para no sentirte vulnerable, no cualquiera accede a ti.

Cabellos rubios muy claros: estás buscando transparencia y claridad, abundancia y paz.

Cabellos en colores fantasía: hoy te atreves a ser diferente y lo quieres gritar al mundo. No tienes necesidad de embonar en lo que te dicen, en lo que quieren o en lo que creen que es mejor para ti. Eres una soñadora por naturaleza.

Cabellos en colores castaños: estás buscando regresar a lo natural, a tu esencia, a tu paso, sentirte bien tal y como eres, sin excesos y sin adornos.

Cabello suelto: estás buscando que tus ideas sean libres.

Cabello amarrado: necesitas controlar ciertos aspectos de tu vida, eso te da seguridad.

Cabello alaciado de forma artificial: eres sensual y muy perfeccionista.

Cabello ondulado: de acuerdo con diferentes estudios este es el tipo de cabello más atractivo para el cerebro humano.

Usar accesorios en la cabeza: en el origen de las sociedades era normal que las personas que tuvieran algún cargo jerárquico importante usaran adornos en la cabeza. Por eso los lentes en la cabeza son un accesorio que ayuda no sólo a vernos más altas sino más poderosas.

Mirada

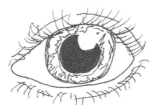

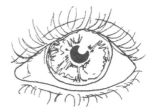

Pupila dilatada   Pupila contraída

Comencemos con la pupila dilatada. Es importante que sepas que la respuesta pupilar a la luz es una de las razones por las que las pupilas cambian de tamaño. Puede hacerlo también cuando estamos muy concentrados, usando mucha energía cognitiva o cuando estamos excitados, cuando vemos algo que nos gusta. Por eso en las revistas y en las fotos de redes las pupilas dilatadas son más atractivas. Además, ¿por qué crees que te gustan tanto los animes?

En cuanto a la mirada, hay un mito que me gustaría romper y es que no, las mentiras no se ven en la dirección de la mirada. Esto lo confirmaron los británicos Richard Wiseman y Caroline Watt cuando realizaron una investigación para comprobar la veracidad de esta creencia. Ellos se dedicaron a estudiar el comportamiento de las miradas de un grupo de personas cuando mentían y cuando decían la verdad. Los resultados que arrojó este estudio señalan que no existen movimientos oculares que puedan señalar con precisión si el individuo está mintiendo o diciendo la verdad. Y aunque otras investigaciones han intentado comprobar la teoría inicial, lo cierto es que la dilatación de la pupila responde a diferentes procesos psicofisiológicos, por lo que asociarla unívocamente a la mentira sería un error.

Ojos

Lo que eres está en los ojos. El ser humano es el único mamífero que tiene esclera. Eso quiere decir que somos los únicos que tienen ese blanco en los ojos que evolucionó precisamente para comunicarnos a través de las miradas. Es decir, la dirección de los ojos está relacionada con estados emocionales; aunque no tiene que ver con decir mentiras o verdades, sí es reflejo de una emoción.

Levantar las cejas es un gesto que se hace en todo el mundo y tiene que ver con estar consciente de que hay otra persona cerca de nosotros. Levantar sólo una ceja indica que buscas defenderte de una amenaza. Y muchas veces, levantar ambas, puede representar superioridad, acompañada de cierta sorpresa. Las personas mostramos dominio, o incluso agresividad, bajando las cejas. Mientras que el levantarlas al mismo tiempo puede reflejar sometimiento.

Ceja levantada

Sin embargo, en conjunto, bajar la cabeza y levantar la mirada, como lo hacía Lady Di, hace que los ojos parezcan más grandes y te da una apariencia dulce e infantil y por supuesto más atractiva. Hay que recordar que el cerebro masculino busca proteger y este gesto puede mostrar a una mujer indefensa, por lo que se vuelve un gesto de seducción.

Bajar la cabeza y levantar la mirada

Alan y Barbara Pease proponen en su libro que bajar un poco los párpados, levantar las cejas y separar ligeramente los labios de forma simultánea es un conjunto de gestos que ha utilizado las mujeres durante siglos para mostrar sumisión sexual. Por ejemplo, es una marca distintiva de Marilyn Monroe.

Hablemos ahora del contacto visual. Cuando te das cuenta de que alguien te está mirando generalmente es porque antes ya ha volteado a verte unas siete veces aproximadamente. El contacto visual es una señal de interés, pero por supuesto muchas veces, aunque tenemos interés, evitamos el contacto visual. Esto puede deberse a ser tímidos, estar avergonzados o tener algo que ocultar. Así que no necesariamente es malo que una persona no te mire a los ojos, es simplemente su manera de expresarnos que algo le da vergüenza.

Por supuesto, mirar a los ojos fijamente para muchas personas es un indicador de que se dice la verdad. Nada más alejado de la realidad, los mejores mentirosos te van a mirar a los ojos y posiblemente les creas. El contacto visual apropiado se vuelve fundamental cuando queremos comunicar sin palabras, unido, por supuesto, a la atención que le estás poniendo a tu interlocutor. Pero de ninguna manera la falta de contacto visual es un detector de mentiras, tampoco mirar hacia abajo, este gesto sólo indica que estás hablando de algo que te genera incomodidad.

Es muy común que en entrevistas de trabajo o en ruedas de prensa (con algunos políticos o actores) se mire hacia abajo y no al interlocutor. En situaciones complicadas solemos no mirar a los ojos, lo cual no quiere decir que estamos mintiendo, simplemente se está tratando un tema del cual no nos gusta hablar.

Hay que recordar que los maestros del lenguaje corporal son los manipuladores. Ellos saben que el contacto visual se puede usar para controlar a la persona con la que estás hablando.

Entonces, realmente, ¿el movimiento de los ojos qué significa? El movimiento de los ojos indica si una persona es visual, auditiva o kinestésica. A una persona visual dirígete con palabras como: ¿Estás observando?, ¿viste?, ¿ya ves? En cambio, a una persona kinestésica, que son aquellos que al hablar se mueven mucho, parpadean, utilizan las manos de forma constante, usa las palabras: ¿Cómo lo sientes? A un auditivo pídele que escuche o utiliza esta frase: ¿Cómo puedes escuchar?

La boca

Es más fácil mentir con los labios que con los ojos. En *Arregla tu vida con grafología* hay un capítulo especial para detectar mentiras, pero hoy vamos a hablar de la sonrisa. Una sonrisa sincera se identifica en los ojos mientras que una sonrisa falsa se detecta únicamente con los labios.

Sonrisa
real

Cuando vayas caminando por la calle observa las comisuras de los labios. La tristeza hará que la curva hacia abajo en las esquinas sea muy notoria; en cambio, la alegría hace en la boca una curva en las comisuras hacia arriba. Esa sin duda será una persona que vea la vida desde lo positivo.

Sonrisa falsa

Los labios fruncidos es una señal de absoluta inconformidad. Los adultos también hacen pucheros y qué decir de cuando sienten frustración. Sin embargo, el puchero también puede ser una señal de interés sexual. Las personas aprietan los labios cuando están estresados o quieren decir algo y no pueden. Mientras que lamerse los labios es una señal de nerviosismo.

Cuando una persona está platicando y se cubre la boca es porque está intentando ocultar algo o quizás iba a decir algo de lo que sabe y piensa que luego puede arrepentirse.

Por otro lado, suspirar es la señal de que alguien busca relajarse, no de estar relajado. Por ejemplo, las mujeres cuando nos enojamos suspiramos, es una manera de decirles a los demás lo mal que nos sentimos sin tener que decirlo con palabras, creo que todos lo hemos hecho alguna vez.

La sonrisa es una señal maravillosa, es un saludo, también es una estrategia de defensa. Sí, ¿alguna vez has visto un animal defenderse? Enseña los dientes.

Animal enseñando los dientes

¿Has visto cuando alguien se alegra de la desgracia ajena? Están hablando de algo que aparentemente les causa mucha tristeza, pero lo dicen sonriendo. Si los pusieras en pausa te darías cuenta de que en realidad les está dando gusto y no dolor.

Cuando una persona se siente preocupada o está buscando ser aceptada va a sonreír continuamente, pero únicamente con los labios y no con los ojos. La sonrisa sincera generalmente es amplia y relajada, la mandíbula no está tensa. Hay una sonrisa que es una mueca porque en realidad no le está resultando gracioso lo que se ha dicho. Cuando tu sonrisa es verdadera estos son los músculos que se activan.

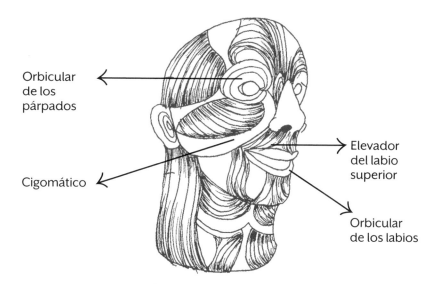

Orbicular
de los
párpados

Cigomático

Elevador
del labio
superior

Orbicular
de los labios

La mandíbula

A mucha gente se le olvida estudiar la mandíbula, pero es una de las partes del rostro más importante. Una mandíbula que está muy tensa refleja estrés, una mandíbula apretada va a reflejar enojo e impotencia.

La mandíbula se cae cuando se está sorprendido, de ahí viene la expresión de "se te cae la baba", aunque en realidad lo que se te cayó fue la mandíbula.

Cuando se levanta la mandíbula es porque se quiere demostrar seguridad, es una señal de que se busca no interferencia con tus decisiones.

Sí todo el tiempo la mandíbula está levantada y es el gesto más frecuente de la persona, es muy probable que se sienta superior a otros. En caso de que esté pasando por un momento de crisis, la mandíbula levantada es únicamente un mecanismo de defensa y no de soberbia.

Cuando alguien baja el mentón es porque está preocupado. Esto lo hace parecer indefenso, pero como dice mi mamá, puede ser una estrategia, a veces hay que fingir perder para ganar.

¿Alguna vez has visto cómo las personas se acarician la barbilla? Esta es una señal de evaluación, te están analizando. Si el dedo índice está hacia arriba es porque le está gustando lo que estás diciendo. Si únicamente frota la mandíbula con sus manos todavía no lo convences.

Cuello

¿Quién no ama los besos en el cuello? Sí, el cuello es una parte erótica del cuerpo, pero no sólo eso. Cuando una persona rasca el cuello mientras le hablas es porque está escéptica y es muy probable que no te crea. Cuando ladea la cabeza, es decir, mueve el cuello hacia un lado, es una señal de coquetería. No quiere decir que está enamorado de ti, simplemente te está coqueteando.

En los hombres, la manzana de Adán se resalta al pasar saliva, esto es una señal de vergüenza o de estrés, es un momento donde la persona está pesando una idea. Es muy difícil controlar para los hombres esa manzana de Adán. Mientras que en las mujeres, aunque el pasar saliva también indica estrés, es menos evidente que en los hombres porque no tenemos manzana de Adán.

Hombros

Cuando se encogen los hombros puede ser por muchas razones, no solamente indiferencia o para expresar "no sé" o "me vale". Cuando nos sentimos apenados es muy común encoger los hombros o cuando se decide darse por vencido en algo.

Brazos y saludos

Las personas que están acostumbradas a más espacio saludan con el brazo más estirado y los que están acostumbrados a espacios más pequeños saludan más cerca. Aquí va un ejemplo de la distancia prosémica.

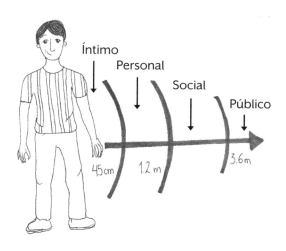

Además de indicar el espacio en el que están acostumbrados a moverse, la distancia con la que saludas a alguien tiene que ver con la intimidad que quieras tener con esa persona. Menos de 45 cm ya sería un acercamiento importante. Mientras que la distancia personal y la distancia social suelen ser de 1.2 m y de 3.6 m.

Por otro lado, para descifrar un saludo no sólo es importante la distancia que mantienes sino la forma en que saludas. Por ejemplo, cuando saludas a tu pareja, la mano que va encima suele ser la de quien tiene el dominio de la relación en ese momento. Si las manos van en la misma dirección es porque existe igualdad en la relación. Si se toman del antebrazo es porque no

confían. Si te saludan y apenas te tocan, es una persona insegura o se siente intimidado por ti.

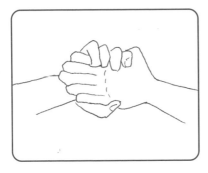

Tu mano encima:
dominio en ese momento.

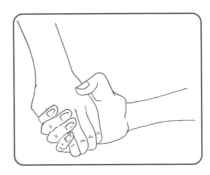

Las dos manos en la misma dirección:
igualdad y complicidad.

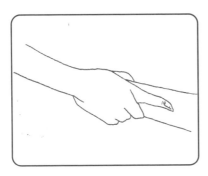

Te toman del antebrazo:
confían en ti.

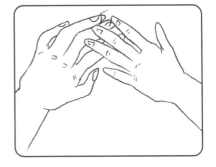

Apenas se tocan:
se muestra inseguridad
o alguien está intimidado.

¿Alguna vez has visto las manos en forma de pirámide? Es
cuando se juntan los dedos índice y parece que forman un triángulo, esta es una señal de confianza y una posición de poder.

Cuando una persona está parada y cubre con sus manos las
áreas genitales, aunque no los toque, es porque se siente domi-
nado e inseguro, se está protegiendo.

Persona que cubre áreas genitales

Es muy común que al hablar se señale con el dedo, para algunos esto es un reflejo de mala educación, pero lo que en realidad representa es una persona que quiere imponer su voluntad. Aunque también es un gesto que funciona muy bien si tienes que dirigir a un grupo de personas.

Generalmente cuando alguien cierra el puño es porque está enojado, se siente ofendido y, si pudiera, te golpearía. Pero lo cierto es que está apretando porque se siente impotente.

El frotar las manos es porque se le está ocurriendo algo o porque tiene frío.

Uno de los trucos para mostrar transparencia y confianza es mostrar las palmas de las manos.

Las manos en las caderas se considera una señal de desafío.

Pies

Aquí quiero contarte un secreto: lo primero que capta el ojo humano de la vestimenta del otro son los zapatos. Muchas veces la cabeza indica dónde está la razón y los pies dónde está el corazón, así que siempre fíjate en ellos. Me encanta analizar hacia dónde van los pies porque la dirección que señalan los pies nos habla no sólo de empatía, sino también de si la persona quiere estar ahí o muere por salir corriendo.

Por ejemplo, un gesto de seducción en las mujeres es enseñar los muslos al sentarse, se trata de una parte muy atractiva para los hombres.

Las piernas cruzadas en los tobillos indica que te sientes muy cómodo en dónde estás, pero si los brazos también están cruzados es porque estás totalmente cerrada y no hay disposición a negociar.

Mujer enseña
los muslos

Piernas cruzadas

Cuando una pareja está contenta generalmente sus pies van a ir en la misma dirección, en cambio cuando una pareja no se siente cómoda los pies van a ir en dirección contraria.

Pareja contenta pies en la misma dirección

En conclusión, olvídate de fingir el lenguaje corporal porque las emociones que siente tu cuerpo las va a acabar reflejando. Por lo tanto, lo mejor es trabajar primero en tus emociones y en tu seguridad y después mostrarte al mundo de manera auténtica.

No tienes idea cuantas veces me han criticado porque yo no tengo la intención de fingir mi lenguaje corporal, no tengo la intención de parecer segura cuando no me siento contenta o segura de mí misma, no tengo la intención de demostrar una emoción que no siento. Prefiero ser transparente y mostrarme tal y como soy para realmente conectar con las personas, para poderte observar con honestidad y con claridad.

Además, el lenguaje corporal no se puede fingir. Siempre habrá alguien intuitivo cerca que se dará cuenta de la verdad y, por supuesto, siempre habrá gente que crea que tiene la capacidad de ver la verdad, pero lo único que está haciendo es proyectarse. Por lo tanto, lo más importante es que nosotros trabajemos en nuestras emociones para estar contentos con lo que somos sin necesidad de buscar la aprobación de los demás.

Cabeza en direcciones contrarias demostrando apatía

Cabezas separadas

La pareja mira hacia la misma dirección: buena señal

Cabeza en la misma dirección. Complicidad y buena señal de la pareja

Inicio de la relación. Están muy unidos pero ella
lleva el peso de la relación. Observemos la cercanía

Ella sigue acercándose

2. ¡Alerta!
Pasos previos a los tests

Crecer emocionalmente desde el autoconocimiento

Conocernos es un viaje en el que nos movemos entre el pasado, el presente y el futuro. Implica indagar en nuestra historia, pero de una manera inteligente, que realmente nos sirva para estar en paz con el ahora y seguir adelante. Por lo que es esencial que cuentes con una buena serie de herramientas que realmente funcionen. El lenguaje corporal ha sido la primera que he querido presentarte en este libro, para que con estos conocimientos seas capaz de interactuar de manera más asertiva, comprendas mejor a los demás y, por supuesto, te conozcas desde otra perspectiva.

En mi vida, además del lenguaje corporal, la caligrafía ha sido una herramienta poderosísima para conocer mi personalidad y la de otros, así como la realización de ciertos ejercicios o tests que, basados en el comportamiento humano, nos ayudan a comprender rasgos de nuestra personalidad. Porque en última instancia, la personalidad es una construcción, por lo que una de las preguntas más relevantes para conocerte es, ¿cómo te estás construyendo?

En mi camino de autoconocimiento descubrí que todo en la vida es aprendizaje, todo el tiempo estamos aprendiendo. Cuando algo te sale bien aprendes y cuando te equivocas también puedes encontrar aprendizajes. Cuando estás con alguien te das cuenta de cosas que antes no sabías y cuando estás solo te das cuenta de tu libertad y de que eres dueño de ti mismo.

Necesitamos vivir y experimentar para aprender, en el camino iremos conociéndonos. Es el paso del tiempo y las experiencias lo que te permite estudiarte, aprender y descubrirte, porque todo lo que necesitas ya está dentro de ti, sólo hay que irlo descubriendo. Es a través de crecer que vas sacando esas herramientas que naturalmente tienes, pero que no te habías dado cuenta que estaban en ti.

Entonces, para empezar el viaje del autodescubrimiento y crecimiento personal mis primeras recomendaciones son:

Obsérvate: lleva un diario de tus emociones, deja de correr de un lado a otro sin saber hacia dónde vas. Detente y observa, analiza dónde estás parado y a dónde quieres llegar.

Conócete: para eso es este libro y todos los que he escrito. Haz todos los tests que puedas, mira hacia adentro y olvídate de todo aquello que te hayan dicho que eres.

Déjate sentir: generalmente te dicen que debes controlar tu ira y no sentirte mal. Pero yo diría lo contrario, es necesario dejarse llevar, dejarse sentir, pero aprendiendo a manejar nuestras emociones. Piensa por qué estás sintiendo eso y cómo podrías actuar desde un lugar de mayor conciencia que la persona que te hizo sentir así.

Bloquea y aléjate de gente tóxica: no puedes crecer emocionalmente si estás rodeado de gente inmadura, grosera, envidiosa, mala, nociva. También es cierto que muchas veces esas personas tan nocivas pertenecen a nuestra familia o nuestro grupo de trabajo y tenemos la necesidad de estar cerca de ellos. ¿Qué es lo que se hace aquí? Poner distancia emocional, darte cuenta de que eres totalmente independiente, es decir, eres un mundo completamente diferente a ellos, tienes libertad y soberanía para tomar tus propias decisiones. Y aunque es difícil, porque la distancia emocional es la más compleja de poner en práctica, resulta ser la herramienta que más poder te va a dar sobre los demás.

Asume la responsabilidad de tus actos: tú eres responsable de lo que haces, de tus emociones y tu comportamiento. Por lo tanto, tienes que hacerte responsable de las consecuencias que ellos generen. No puedes andar por la vida culpando a los demás de tus desgracias o de tus éxitos.

Calmar la mente para calmar el mundo: quitar el ruido de afuera para escucharte

Lo primero para emprender cualquier viaje a nuestro interior es aprender a calmar nuestra mente. En este punto sólo necesitamos el silencio. Verás que desde el silencio encontrarás un montón de cosas internas que vas a ir tejiendo, construyendo y conociendo para así lograr amarte cada día más.

Te pido que hagas conscientemente el ejercicio de detener la cascada de tus pensamientos. Hay momentos en la vida donde tenemos que hacer una pausa para desbloquear, para transformarnos, para purificarnos, para estar bien. No tienes que vivir corriendo y cosechando todo al mismo tiempo, persiguiendo lo que los demás consideran el éxito. Al contrario, hay que volver a dibujar tus raíces para sembrar el árbol que dará los frutos que más te gusten.

¿Cuánto tiempo dedicas a sentarte a solas, en silencio? Deja de hablarle a tu mente por cinco minutos y realiza cinco respiraciones profundas y conscientes. Si a tu mente viene algún pensamiento, idea o pendiente, primero, date cuenta que estás distrayéndote, después, con mucha amabilidad y compasión hacia ti, regresa a sentir tu respiración.

Ahora elige un color, el que quieras, no tiene que ser tu color preferido. También puedes tomar una pluma o lo que tengas a la mano para escribir. En el espacio en blanco que verás abajo haz un rayón, un garabato, escribe una palabra, dibuja algo, lo que prefieras. Después reflexiona: ¿Por qué dibujaste eso?, ¿estás contento con lo que hiciste?, ¿este garabato qué refleja de ti?

Todos tenemos algún dolor, en este caso no me refiero a un dolor físico, me refiero a un dolor más difícil, el dolor del alma. Pero crecimos pensando en hacer cualquier cosa para no sentir dolor, como si la única manera de vivir fuera la de buscar el placer. Aunque todos sabemos que esa búsqueda es una mentira, seguimos viviendo en esa contradicción. Quizás eso pueda deberse a que el placer y el dolor, paradójicamente, a pesar de que siempre los hemos vistos como opuestos, se localizan en la misma zona del cerebro. Entonces, en la medida en que nos alejamos del dolor también nos privamos de la posibilidad de sentir placer.

Repite estas afirmaciones en voz alta. Hazlo como te sea más cómodo y como resulte más potente para ti.

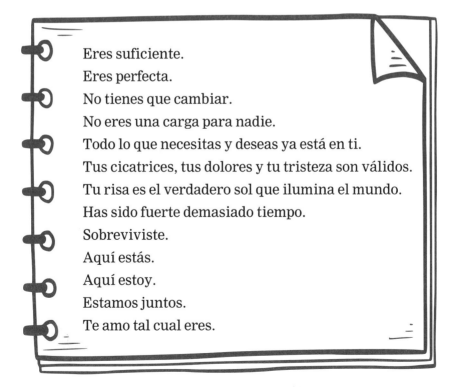

Eres suficiente.
Eres perfecta.
No tienes que cambiar.
No eres una carga para nadie.
Todo lo que necesitas y deseas ya está en ti.
Tus cicatrices, tus dolores y tu tristeza son válidos.
Tu risa es el verdadero sol que ilumina el mundo.
Has sido fuerte demasiado tiempo.
Sobreviviste.
Aquí estás.
Aquí estoy.
Estamos juntos.
Te amo tal cual eres.

Ejercicios para calmar la mente

Pintar mandalas es una actividad que ayuda mucho a calmar la mente. Entre los beneficios más destacables podríamos señalar:

- Mejoran la concentración.
- Es altamente recomendado para quienes tienen déficit de atención asociado a procesos de estrés.
- Producen un efecto calmante muy potente.
- Ayuda a la relajación.
- Sensación de conexión con uno mismo.
- Numerosos estudios han concluido que la práctica de colorear mandalasen ancianos y niñoses un potente vehículo para mejorar su sensación de bienestar, de relajación mental y de refuerzo de la autoestima.
- Mejora la creatividad.
- Nos ayuda a expresar nuestras emociones y liberarlas.

Mandala para calmar la mente y soñar en grande

¿Cuál es tu relación con el dinero?

Mandala del amor

El corazón se asocia en el cerebro con el amor propio, el amor a la vida y el amor de pareja.

Mandala para cuando te sientas estancado

Pinta esta mandala con todos los colores posibles.

Para cerrar

Llora, por favor permítete llorar, permítete gritar si es necesario. ¿Necesitas romper algo?, hazlo, permítete desahogarte. Llora sin miedo, llora para limpiar el alma.

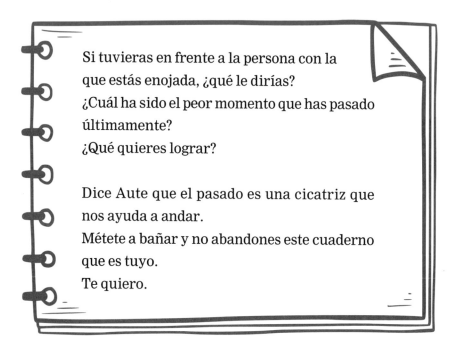

Si tuvieras en frente a la persona con la que estás enojada, ¿qué le dirías?
¿Cuál ha sido el peor momento que has pasado últimamente?
¿Qué quieres lograr?

Dice Aute que el pasado es una cicatriz que nos ayuda a andar.
Métete a bañar y no abandones este cuaderno que es tuyo.
Te quiero.

Una herramienta de la grafología: lo que no debe ir en tu firma

La última herramienta para conocerte que quiero regalarte antes de comenzar los tests es, por supuesto, una que viene de la grafoterapia. Y es que la escrituraes, probablemente, el invento creado por el ser humano con más trascendencia en la historia. Gracias a ella los conocimientos que nuestros antepasados fueron adquiriendo se han conservado y transmitido hasta nuestros días. ¿Qué es la escritura? Se trata de uncódigo de símbolosque transmite un mensaje con sentido y que posteriormente será descifrado por otras personas. A raíz de la creación de la escritura han ido surgiendo y desarrollándose otras ciencias.

Escribir es un acto muy complejo, la grafología no tiene nada que ver con ciencias adivinatorias, ni con astrología, ni nada por el estilo. Se trata de un proceso neurofisiológico, es decir, tu cerebro manda información a tus manos, por lo que vincula la mente y el cuerpo. Teniendo esto como antecedente esta vez quisiera que nos enfocáramos en la firma, ese trazo que tanto peso tiene en nuestra sociedad y con el que nos identificamos. Quisiera que viéramos algunos detalles de la firma y lo que, definitivamente, es conveniente que elimines en ella.

La escritura es el yo personal, mientras que la firma es el yo social. La escritura surge de forma espontánea, es un reflejo neurofisiológico. En cambio, la firma la pensamos, la planeamos, la copiamos, la heredamos, es el reflejo del yo social, de la manera en que quiero que me vean. Por decirlo de forma simple, la firma es la ropa que eliges, comunica lo que eres y cómo te sientes, influye en la forma en que los demás te verán. Pero la letra es tu piel, es lo interno.

La palabra firma proviene del latín *firmare,* "firmar", que a su vez tiene su origen en el adjetivo *firmus* que significa "firme, sólido, estable, resistente". Tiene su origen en la antigüedad cuando los gobernantes sellaban decretos o edictos usando un anillo o un troquel para autentificar el escrito. Fue en el medioevo cuando la firma se generalizó en los monasterios donde la caligrafía y la criptología eran dominio de los religiosos. Después la firma pasó a darle validez legal a los documentos.

Antes de que sigas leyendo es esencial que tengas claro esto: no hay firma bonita o fea, ni letra bonita o fea. Cuando estamos hablando de personalidad, desde la grafología, la belleza es completamente subjetiva. Así que, aunque pienses que tu firma es la más hermosa del planeta o la más horrible, a la grafología eso no le importa.

Resulta que la firma nunca te sale igual, ni a ti, ni a nadie. Un principio de la grafología es que si dos firmas son iguales entonces una es falsa. La letra también cambia todo el tiempo, es como hacer expresiones faciales, puedes hacer tantas como tipos de letra, pero la esencia se mantiene.

Ahora sí, veamos lo que debes quitarle a tu firma para lograr lo que quieres:

1. El círculo: es un reflejo de encerrarte en ti mismo, no dejar salir, no dejar entrar. Es autolimitante.
2. Tacharla mucho: es como si te tacharas. Es ir en tu contra, no liberarte, no permitirte ser, no estar contento con tu imagen y con quién eres.
3. Ponerle una línea en medio: refleja sentimientos de culpa, te culpas de todo lo que pasa y sucede.
4. Ponerle un signo de infinito: refleja que crees imposible alcanzar las cosas que sueñas. No logras identificar un momento específico en que se concreten esas cosas buenas porque lo infinito apela a lo inacabable, incontable.
5. Hacerla demasiado pequeña: refleja inseguridad, timidez. Atrévete a firmar grande porque tú eres grande.

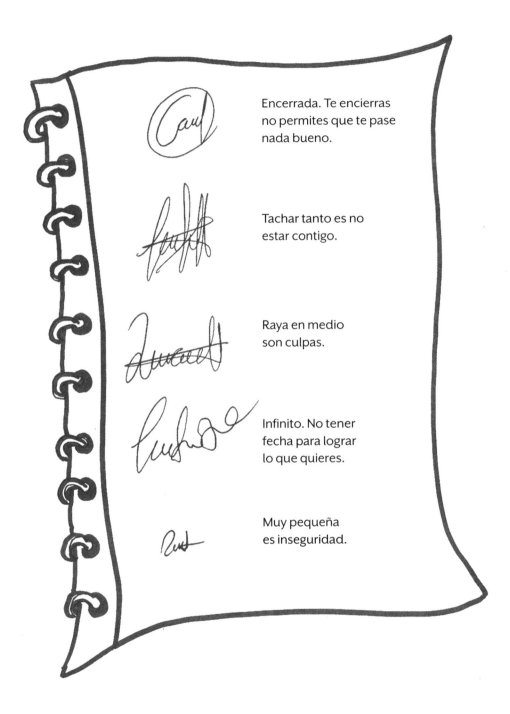

Encerrada. Te encierras no permites que te pase nada bueno.

Tachar tanto es no estar contigo.

Raya en medio son culpas.

Infinito. No tener fecha para lograr lo que quieres.

Muy pequeña es inseguridad.

3. Tests de autoconocimiento

Tengo que comenzar diciendo que una de las cosas que más amo es hacer tests. Cuando era niña mi mamá me compraba cada mes la revista *Barbie* y yo me iba directo a la parte de los tests. Quizás eso, y la novela de Barbie, era lo único que realmente me gustaba por aquel entonces. Por lo que los tests me han acompañado por varios años de mi vida y han sido una gran herramienta para conocerme y aceptarme.

Y es que la única manera de querer algo es conociéndolo, por lo que una de las maneras de quererte implica conocerte en todas las áreas de tu vida y en todas tus dimensiones. La gente piensa que el autoconocimiento tiene que ser un viaje turbio y escabroso, pero es todo lo contrario, se trata de un viaje sensacional, brillante, es el mejor de los negocios, quien se conoce se da cuenta de lo que vale.

Conocerte es cuestionarte, hacerte preguntas. A veces queremos vivir de acuerdo con lo que lo demás piensan que es correcto o bajo ideales imposibles y eso nos hace alejarnos de nosotros a tal grado que puede que ya hasta te cueste trabajo identificar tus gustos y preferencias. Date cuenta de que has sobrevivido a todo, que estás aquí hoy y que lo mejor está por venir.

¿Qué es un test?

Es una prueba que evalúa conductas, actitudes, grados de inteligencia, de atención, de percepción, etcétera. Se emplea generalmente en la pedagogía, la psicotecnia o la medicina.

Examen escrito o encuesta en que las preguntas se contestan brevemente, se elige una respuesta entre las varias opciones que se proponen.

¿Estás listo para conocerte? Confía en ti, en tu camino y en tu proceso.

¿Cuál es tu edad mental?

La edad mental es el nivel de desarrollo de la inteligencia que expresa el nivel de maduración mental de un individuo en comparación con el grado medio de desarrollo mental de un grupo de la población, tomado al azar, que tiene la misma edad cronológica. Se expresa en años que no necesariamente coinciden con la edad cronológica del individuo.

¿Qué vas a hacer el viernes en la noche?

1. Irme de fiesta hasta perderme
2. Hacer quehacer y dormir
3. Ir al cine y a cenar

¿Cómo te gustaría pasar tu cumpleaños?

1. Con mucho alcohol, alguna droga y ligando
2. No hago nada, sólo recibo WhatsApp y a veces un pastel
3. En familia, con los más cercanos, a gusto

¿Cuál de estas películas te gusta más?

1. *El diario de la princesa*
2. *Chicas pesadas*
3. *Lo que el viento se llevó*

¿Si te ofrecen marihuana qué haces?

1. Bienvenida sea
2. Llamo a las autoridades o no vuelvo a salir con esas personas
3. *Next*

¿Qué piensas de la virginidad?

1. Me vale
2. Es un valor fundamental
3. Hay que pensar con quién

¿Con cuál personaje te identificas más?

1. Hannah Montana
2. Scarlet Ohara
3. *Pretty Woman*

Tu red social Favorita:

1. TikTok
2. WhatsApp
3. Facebook

¿Recuerdas el color original de tu pelo?

1. Sí
2. Tengo un vago recuerdo
3. Más o menos

Te han roto el corazón:

1. Sí

2. Sí

3. Sí

El amor es color:

1. Rojo

2. Marrón

3. Morado

Las redes sociales para mí son:

1. Normales

2. No las entiendo

3. Ahí ando

Mis series favoritas son:

1. Dramas escolares

2. Asesinos y mentes criminales

3. Comedias

Mi estilo de vestir es:

1. Jeans holgados, t-shirts cortas

2. Colores oscuros, sobrio, elegante

3. De todo un poco

Mis sabores favoritos:

1. Dulces y salados

2. Fuertes o demasiado suaves

3. De todo

Resultados

Mayoría de 1:

Eres muy joven por dentro, sobre todo en tus sueños y afinidades. Tienes una visión del mundo fresca, pero también es cierto que muchas veces te cuesta trabajo accionar y aterrizar tus ideas. Muchas veces tus expectativas son irreales, por eso es que te decepcionas. Sin embargo, estar contigo es darse cuenta de que el mundo es una aventura divertida, impredecible, porque siempre tienes ojos de sorpresa. Quieres hacer todo y comerte al mundo.

Mayoría de 2:

Perteneces a esa parte seria y prudente que hace que la humanidad se mantenga de pie, sin embargo, tus ideas muchas veces son cuadradas y poco flexibles. Te cuesta trabajo adaptarte y tolerar formas diferentes de pensar. Eres una persona altamente disciplinada, profesional y de palabra.

Mayoría de 3:

Tu edad mental es la de un adulto joven, logras el equilibrio entre juventud e inmadurez, la frescura de la primera y la estabilidad de la segunda. Tienes mucha fuerza y constancia. Eres una persona inteligente que está en un momento de gran productividad.Trata de pensar a largo plazo, de soñar en grande, de no correr, pero ir a paso firme. Mentalmente estás en un gran momento porque contemplas el mundo desde un lugar neutro que te permite abrir el panorama.

Test de la personalidad 1

¿Instintivo o racional?

Elige una botella de perfume y descubre tu personalidad.

1.- 2.- 3.- 4.-

Resultados

1. Eres estable, te gusta ir a lo seguro, prefieres a las personas respetuosas y claras. Puedes llegar a ser controladora. Defiendes lo que consideras justo para ti, tus principios y tus ideas.

2. Sigues a tu instinto. Buscas regresar a lo natural sin perder tu poder de seducción. Proteger a los demás es tu naturaleza. Te gusta que los demás se lleven la mejor imagen de ti.

3. La lealtad te define. Te gusta rodearte de personas que admiras. Cuando confías en alguien tus expectativas son muy altas. No te conformas con poco. Quieres todo, pero últimamente estás muy estresado y no confías lo suficiente en ti.

4. Odias la hipocresía. Se nota de inmediato quién te cae bien y a quién no soportas. Defiendes lo que es tuyo porque eres sumamente territorial. Estás acostumbrada a hablar de frente y claro. Vas por el todo o nada.

Test de la personalidad 2

¿Cuán provocativo eres?

Elige el color que te pondrías hoy y te revelaré dos detalles de tu personalidad:

1. Salmón: provocadora pero lejana
2. Granate: apasionada y segura
3. Rosa: divertida y valiente
4. Coral: dulce y amigable
5. Vino: transformadora y salvaje
6. Lacre: equilibrada y conciliadora
7. Caoba: experimentada y astuta
8. Rojo: intensa y sensual
9. Morado: atrevida y no convencional
10. Amaranto: sonriente y carismática
11. Caramelo: exagerada y platicadora
12. Salmón rosado: auténtica y reservada

Test de la personalidad 3

¿Qué significa?

Elige el tipo de letra y los colores que mejor van contigo, así como la posición en la que sueles escribir en una hoja en blanco: a la izquierda, al centro o a la derecha.

Recuerda que todos hacemos diferentes tipos de letra, aunque la esencia se mantiene. Aquí las combinaciones son múltiples y todo es válido.

Resultados

A. Vanidad e inquietud

B. Pasión e intensidad

C. Disciplina y terquedad

1. Cambio y transformación

2. Prosperidad y generosidad

3. Liderazgo y armonía

a. Miedo a tomar decisiones

b. Vivir el presente y disfrutarlo

c. Pensar siempre a futuro

Test de la personalidad 4

¿Qué tan ambicioso eres?

Elige una de estas imágenes. Cada cosa que eliges es un reflejo de tu inconsciente, así que descubre el mensaje que necesitas escuchar.

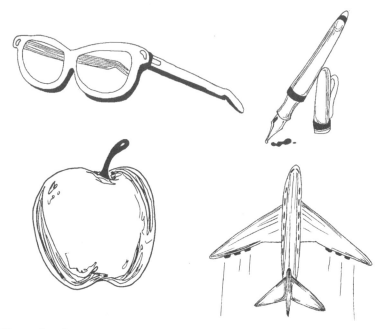

Resultados

Lentes

Estas buscando protegerte, tienes miedo a mostrarte tal y como eres. No tengas miedo ni te avergüences, el ser humano tiene momentos en los que siente que necesita ser protegido, no tienes que ser siempre el fuerte, ni tener todas las respuestas. Incluso, la derrota y la debilidad nos hacen fuertes, por ejemplo, un cangrejo para crecer debe quitarse primero su esqueleto, arrastrándose fuera del escudo, quedando indefenso frente a sus depredadores por un momento. A veces es necesario romperse o ser vulnerables para crecer, para lograr todo lo que quieres. No le tengas miedo a tu vulnerabilidad ni a tus derrotas, son parte del camino para volverte más sabio y más fuerte. Tú eres la resistencia.

Pluma

Tienes que tomar decisiones y quitarle poder a los demás sobre ti. La única manera de hacerte fuerte y poderoso es liberándote. No te quedes quieto que te puedes estancar. Los que no cambian no es por falta de inteligencia, es por falta de valor, por eso muchos se quedan sin cumplir sus sueños. Si elegiste pluma es porque es momento de tomar las decisiones que te lleven a donde siempre has deseado estar. Tu mundo está definido por tus marcos mentales de pensamiento. Por eso, si no cambias tu forma de pensar, no podrás cambiar tu forma de actuar y sentir. Empieza por pensar distinto, ¿cómo? cuestionándote, analizándote, atreviéndote a preguntar y a vivir.

Manzana roja

Tus emociones te dominan y no conoces las medias tintas, pero no estás pensando lo que sientes, por lo que tomas malas decisiones. Arrebatas por enojo o por amor, actúas impulsivamente y después te arrepientes. Necesitas recablear tu mente, diseñar tus pensamientos para que entonces tus emociones cambien y te permitan elegir correctamente lo que vas a hacer y cómo reaccionar ante la realidad con inteligencia y poder sobre ti. Se trata de tomar el sartén por el mango y que practiques nuevas maneras de comportarte. El cerebro es un órgano que se entrena para desarrollar nuevas habilidades. Usa mucho tu mano no dominante para activar nuevas áreas del cerebro. Y, por cierto, no importa la edad, siempre es buen momento para sanar tu corazón y tus pensamientos.

Avión

No le tienes miedo a pensar en grande. Te pueden criticar, pero tú sólo ves que quien se queda sentado no avanza. La ambición es una cualidad que también reúne la habilidad para ser valiente, controlar la ansiedad y enfrentarse a un mundo lleno de dificultades. Las personas ambiciosas siguen labrando su camino a pesar de todos los problemas y son capaces de asumir riesgos que otras personas considerarían inasumibles.

Test del Amor

¿Cómo eres en el amor? Dibuja un corazón y revisa lo que significa

Corazón redondo
- Romántico.
- Vida amorosa plena.

Corazón en pico
- Desconfiado y defensivo en el amor.

Corazón pequeño
- Inseguro en el amor.

Corazón muy gordito
- Lleno de amor y entregada.

Corazón parte izquierda en pico
- Desconfiado.
- Pasado difícil en el amor.

Corazón con palito
- Super sexual.

Corazón muy largo
- Idealista en el amor.

Corazón anguloso en parte derecha
- Sientes que tu futuro amoroso es conplicado.

Corazón remarcado
- Obsesiva.
- Super clavado en el amor.

Corazón abierto en la parte de abajo
- No sabes recibir amor.

Resultados:

- Corazón redondo: romántico, vida amorosa plena.
- Corazón anguloso: desconfiado y defensivo en el amor.
- Corazón pequeño: inseguro en el amor.
- Corazón muy redondeado: lleno de amor y entregado.
- Corazón anguloso en la parte izquierda: desconfiado, con un pasado difícil en el amor.
- Corazón anguloso en la parte derecha: sientes que tu futuro amoroso es complicado.
- Corazón con palito: muy sensual.
- Corazón muy largo: idealista en el amor.
- Corazón remarcado: obsesivo, muy clavado en el amor.
- Corazón abierto en la parte de abajo: no sabe recibir amor.

Test del árbol

Mauricio Sandro, un hombre que dejó muchos aprendizajes a todos los grafólogos, considera que realmente cualquier dibujo sirve para el estudio de la personalidad, sin embargo, el árbol es de los que más llaman la atención. Esto se debe en gran medida a que desde los tiempos del hombre primitivo el árbol siempre fue la compañía del ser humano, su protección ante las fieras, el frío y la lluvia, además de que sus frutos le servían de alimento.

Karl Koch es el verdadero padre del test del árbol y éste es el modelo que nosotros hemos elegido para la interpretación de nuestro árbol. Koch considera que el árbol, en sus dimensiones, es parecido a nosotros, además de que su cuerpo se compone de elementos similares al del ser humano: la copa, el tronco, el suelo y las raíces. La forma en que dibujas el árbol es la forma en que te sientes. Indica qué tan firme o débil, qué tan orgulloso, aterrizado o fuera de la realidad estás.

Cuando por primera vez Mauricio Sandro leyó la posibilidad de detectar la temporalidad exacta de un conflicto personal de acuerdo con las alturas en las que se sitúan ramas rotas en el árbol, o si se encuentran a la derecha o la izquierda, parecía algo sacado de la ciencia ficción. Sin embargo, esta teoría desarrollada por el psiquiatra alemán Wittgenstein es fascinante y nos permite saber en qué momento las personas han tenido algún problema, trauma o algún evento decisivo para sus vidas. En pocas palabras, por cada rayita, rama, borde o cosa desviada que está en tu árbol se indica una situación emocional compleja.

Comencemos el test dibujando un árbol.

El tamaño total del árbol representa la edad exacta de tu persona, equivale a toda tu vida. Después puedes dividir el árbol en la cantidad de años que tienes, entonces cada división representará un año de tu vida. Así, cuando encuentres una rama o un borde dentro de algunas de las etapas sabrás en qué momento o edad sufriste algún evento traumático o importante. La división del árbol se hace incluyendo todos sus elementos: suelo, raíces, tronco, ramas, copa, hojas y los frutos, en caso de que los dibujes.

Suelo y raíz: nuestra percepción de la realidad.

- **Trazos puntiagudos en la base:** estás incómodo porque te sientes descontento, justificada o injustificadamente, pero no estás en paz con la situación que vives.
- **Sin base ni raíces:** te sientes inseguro porque no sabes qué va a pasar con tu futuro y esto te genera miedo.
- **Suelo en zigzag:** estás trabajando por consolidar tus ideas y a veces llegas a ser agresivo.
- **Suelo con una raya horizontal:** eres alguien que se siente seguro y estable.
- **Suelo ligeramente marcado:** te sientes firme y además quieres alcanzar lo que sueñas con constancia y perseverancia.

- **Suelo sumamente marcado:** a pesar de tener mucha firmeza para tomar decisiones, pierdes objetividad por ser demasiado intenso y pasional.
- **Suelo con montículo:** te estás aislando y tienes sentimientos narcisistas.
- **Suelo ondulado:** eres agradable y amigable, te adaptas al medio en el que interactúas pero no te sientes estable.
- **Suelo con raíces:** calculador, tradicional y con mucho miedo al cambio.

Tronco: es la parte del árbol que se identifica con el Yo. Indica la manera en que nos percibimos y nuestro nivel de autoconfianza.

- **Tronco sumamente recto:** eres terco, incluso intransigente contigo mismo. No eres alguien con quien se pueda negociar.
- **Tronco inclinado hacia la izquierda:** eres un alma conservadora, caes en la rutina fácilmente.
- **Tronco hacia la derecha:** sumamente sociable, para algunos te precipitas, pero para otros eres una persona valiente y aventada.

- **Tronco retorcido:** estás sufriendo y eso hace que se amargue tu existencia y la de la gente que te rodea.
- **Tronco extremadamente delgado:** no te sientes con la fuerza para defender lo que quieres y para luchar por lo que tanto has soñado, incluso muchas veces te da miedo soñar.
- **Tronco grueso:** te sabes fuerte, tienes una gran capacidad para decir lo que piensas, aunque a los otros les moleste.
- **Tronco demasiado ancho y grueso:** tienes una gran necesidad de que los demás te reafirmen. Te gusta el halago y estás buscando admiradores en lugar de amigos.
- **Tronco estrecho en medio:** te controlas y eres muy vanidoso.
- **Tronco más grueso de arriba:** idealista y espiritual.
- **Tronco más grueso de abajo:** sexual y materialista.
- **Tronco muy adornado o sombreado:** creativo y con talento artístico.
- **Tronco en pedazos:** intuitivo, sabes cómo es alguien con sólo verlo unos segundos.

RAMAS: Las ramas representan los brazos, la dirección de las aspiraciones, la manera en que hablas y tu estado de ánimo.

- **Ramas hacia arriba:** eres una persona optimista y alegre, buscas el lado bueno a todo.
- **Ramas en abanico:** te distraes fácilmente y tienes la cabeza en mil lados.
- **Ramas que empiezan hacia arriba y después descienden:** falta de constancia.
- **Ramas cruzadas que se pegan unas con otras:** ambivalente y voluble, te gusta criticar.
- **Ramas muy abiertas:** hablas demasiado y te encanta ser el centro de atención.
- **Ramas con relieve:** obsesivo, con una gran capacidad productiva, eres sumamente original, pero con dificultad para disfrutar plenamente tus éxitos.

Copa: es la forma en que analizamos el autoconcepto y el mundo de las ideas.

- **Copa pequeña:** tienes comportamientos infantiles y te cuesta trabajo hacerte responsable de tus actos.
- **Copa proporcionada:** le estás apostando a la serenidad y a la paz.

- **Copa muy grande:** idealismo, imaginación, eres sumamente entusiasta.
- **Copa pequeña en relación al tronco:** te cuesta trabajo creer en tus capacidades, sin embargo, estás buscando hacer dinero para tener confianza en ti mismo.

FOLLAJE: Indica cierto nivel de inteligencia, capacidad de concentración y atención a los detalles.

- **Follaje abundante:** tienes facilidad de palabra, te gusta analizar las decisiones que tomas, le das vuelta a las ideas y te gusta dar lo mejor de ti a los demás.
- **Follaje de silueta simple:** no le das importancia a los pequeños detalles, no eres especialmente sensible, al contrario, lo que estás buscando en este momento de tu vida es tomar soluciones prácticas a largo plazo.
- **Follaje exagerado o irreal:** eres muy agradable para conversar. Además, es tan grande tu imaginación que muchas veces rebasa a tu realidad.

FRUTOS: se relacionan con la capacidad de generar, producir, dar, madurar.

- **Árbol con flores:** eres alguien que alegra la vida de los demás, optimista, prefieres disfrutar el momento que pensar a largo plazo.
- **Árbol con frutos:** quieres demostrarle al mundo quién eres, que la gente recuerde tu nombre.
- **Árbol con frutos en el piso:** tienes la sensación de estar derrotado emocionalmente.

Cosas a las que debes prestar atención:

- **Árbol roto:** es una expresión de depresión, así que es importante que busques ayuda profesional.
- **Árbol caído:** te estás rindiendo.
- **Si dibujaste varios árboles:** es muy probable que tengas problemas con la realidad y estés fantaseando demasiado, incluso perdiendo el control.
- **Árbol grande junto a otro pequeño:** te sientes más que los demás.

4. Teoría de la personalidad por Maryfer Centeno

El concepto de personalidad ha sido entendido de diferentes maneras a lo largo de la historia. Pero en sentido general podemos decir que la personalidad es el conjunto de pensamientos, sentimientos y conductas que presenta una persona y que persisten a lo largo de su vida y de las diferentes situaciones a las que el ser humano se enfrenta. Esto quiere decir que la personalidad es aquello que se mantiene estable en el tiempo y en las circunstancias, tendemos a comportarnos de forma similar aun en diferentes contextos y momentos de la vida. Por lo que eso que persiste es lo que constituye nuestra personalidad.

Los tests anteriores nos permitieron conocer rasgos de nuestra personalidad y algunas constantes en nuestro comportamiento, nuestra manera de pensar, de ser y de interactuar con el mundo. Lo que quiero proponerte ahora es que utilicemos tu letra como herramienta de autoconocimiento y autoindagación. Para esto te propongo el siguiente ejercicio: identifica cuál de estas letras es más parecida a la tuya, ¿a cuál se asemeja más tu escritura? Revisa los rasgos de tu letra para encontrarte. Recuerda que siempre habrá una tipología que predomine, por ejemplo, los rasgos de tu letra pueden ser muy semejantes a la tipología *Z*. Pero no pierdas de vista que también es muy probable que esa predominante se combine con otras, *ZA* o *ZO*. Esas combinaciones son las que te ayudarán a conocerte mejor pues señalarán aspectos puntuales de tu personalidad.

¿A cuál se parece más tu letra?

Personalidad A *(sociable)*

Letra redonda, ancha y grande.

- Se trata de alguien que no tiene miedo a mostrar sus opiniones o sentimientos.
- Se pone ansiosa al momento de transmitir buenas noticias y se muestra poco dispuesta a comunicar las malas.
- Suele ser quien organiza las reuniones y en cualquier sitio hace amigos.
- Acostumbra a ser optimista. No aburre a los demás con problemas, inseguridades o miedos y usa las redes sociales habitualmente, lo que le ha permitido ampliar su círculo de contactos.

- Tiene aptitudes para carreras como Periodismo, Relaciones exteriores, Ventas y Relaciones públicas. Trabaja bien en equipo y necesita estar en contacto con las personas.
- Es comunicativo, incluso imprudente, muy emocional, amoroso y seductor.

Personalidad D (líder)

Letra mediana, ancha, con inicios grandes. Redonda o semiangulosa.

- Es alguien que acostumbra a ser el defensor, benefactor, bienhechor y acompañante. Se siente con la obligación de proteger, controlar y conciliar.
- Es ordenado en sus espacios y en sus hábitos.
- Piensa que el amor sólo crece al compartir. Cree que sólo puede conseguir más para sí mismo en la medida en que da a los demás.
- El defensor es un verdadero altruista. Responde a la amabilidad con más amabilidad. Se compromete con generosidad y entusiasmo en el trabajo y con las personas en las que cree. Tiene un gran sentido de la lealtad.

- Suele ser muy espiritual.
- Actúa con paternalismo, principalmente cuando es controlador porque en el paternalismo esconde su modo de ejercer el poder.
- Es probable que durante la infancia haya sufrido rechazo y al intentar controlar las situaciones se siente seguro.
- Es un gran líder. En situaciones difíciles parece incansable.

Personalidad G (sexual)

- Letra gruesa, grande, pastosa y junta. Las partes bajas también son grandes.
- Es el seductor. Suele ser considerado como una persona de gran valor, sobre todo en la sociedad actual, en la que los contactos y las relaciones sociales tienen cada vez más importancia.
- Vive para el placer y el disfrute.
- Es kinestésico. Tiene un buen control del lenguaje no verbal.
- Sabe expresarse más allá de las palabras. Para comunicarse del modo que quiere se vale de todos los recursos,

que incluye, por supuesto, la comunicación no verbal: gestos, posturas y entonaciones de voz. Emplea todos esos aprendizajes sencillos, que no conllevan mucho esfuerzo, pero que utilizados de manera espontánea al momento de la comunicación suelen ser muy efectivos.

- Disfruta participar en contextos socialmente complejos. Se siente cómodo en ese ambiente, a tal punto que busca vivir ese tipo de experiencias con cierta frecuencia.

- Le gusta la adrenalina, el dinero, que lo vean exitoso y poderoso.

- Puede llegar a ser visceral, pero eso no le impide aprovechar una buena oportunidad.

- No le preocupa mentir, considera que el fin justifica los medios, por lo que tiende a ser infiel.

- Es posible que busquen acercamiento mayor de lo normal, pero sin que esto resulte muy incómodo. Siempre lo hace de una manera en la que queda claro que es él quien tiene el poder en la conversación.

Personalidad L *(perfeccionista)*

- Vertical, legible y alta.
- Se trata de alguien con objetivos y metas claramente definidas. Para inspirarse se apoya en historias o personas que le sirvan como modelo. Tiene altas expectativas.
- Trabaja sistemáticamente hacia una meta específica, por lo que persiste y logra progresar. Supera las dificultades y obstáculos que se presentan con una determinación inquebrantable.
- Es terco, necio e inflexible. No sabe perder, se exige demasiado, nunca queda satisfecho.
- Es altamente disciplinado, sabe con absoluta precisión y certeza cuál es su propósito y objetivo último, así como sus fortalezas y debilidades, esto le permite alcanzar lo que se propone con eficacia.
- Considera que un propósito bien cimentado es la base desde la cual la disciplina puede asentarse y cobrar forma. Sin un propósito definido resulta imposible enfocarse en un método efectivo que se coordine con disciplina.
- Para esta persona altamente disciplinada, la planificación y la organizaciónson dos recursos fundamentales que rigen su comportamiento.
- Es neurótica, tiende a compararse con los demás. Desarrolla problemas en espalda y cuello.
- Suele ser buen deportista.
- Vive en constante estrés.

Personalidad O *(infantil)*

- Letra redonda. Escritura lenta. Las letras están pegadas una a las otras, pero las palabras están separadas.
- Socialmente es de trato agradable y tranquilo. Puede rayar en el egocentrismo.
- Es muy visual. Presta atención a cómo otros lo miran, cómo luce su hogar y cómo luce él.
- Necesita espacio para ver sus imágenes internas, otra persona podría interrumpir su pensamiento al meterse en su "zona de visualización".
- Puede tener dificultades para concentrarse cuando hay mucha actividad visual.
- Es soñador, pero tiende a postergar, desde empezar una nueva dieta hasta los negocios.
- Le es más fácil recordar caras que nombres. Puede ser muy hiriente con las palabras.
- Busca una pareja que lo proteja y consienta. Tiene tendencias infantiles.
- Usa la información visual para planificar, recordar y tomar decisiones.

Personalidad Z *(nervioso)*

- Escritura rápida. La letra es semiangulosa o angulosa. A veces usa mayúsculas.
- Sufre miedo excesivo a padecer una enfermedad.
- Tiene hipersensibilidad a la separación. Es dependiente, con necesidad de recibir protección o de proteger a los suyos. Muy unido a sus familiares.
- Tiene dificultad para alejarse de lugares conocidos, por lo que le cuesta adaptarse a los cambios y las novedades. No suele establecerse muy lejos de su lugar de origen y de las personas que conoce.
- Siente la necesidad de seguridad, demanda que alguien le tranquilice, le asegure que no va a pasar nada de lo que teme.
- Es analítico, piensa a largo plazo, puede resolver problemas.
- Nunca se siente tranquilo ni en paz.

Personalidad I *(observador)*

- Letra pequeña, semiangulosa o angulosa. Usa signos de puntuación.
- Intenta pasar desapercibido o no hacerse notar. Le cuesta expresar sus opiniones o tiene un estilo de comunicación pasivo a la hora de relacionarse con otras personas.
- Tiene la capacidad de sobreanalizar.
- Es auditivo.
- Se caracteriza especialmente por la inhibición social y las ganas de pasar desapercibido.
- Le cuesta muchísimo trabajo exteriorizar.
- Trabaja mejor solo. Es sumamente observador. Tiende a imaginarse lo peor.
- Frecuentemente está pendiente del qué dirán, lo cual lo inhibe a hacer y concretar sueños y deseos.
- Como pareja es sensible, pero celoso.
- No le gusta sentirse observado porque lo percibe como un juicio.

5. Entrevistas

Amor propio: Michelle Rodríguez

Personalidad A y D

Amarme tal y como soy: así soy perfecta.
Yo no soy el perfil de la televisión.

Análisis grafológico

Exagerada, coqueta, cachonda, intensa, enigmática, apasionada, intensa, perfeccionista. Reservada con tu vida privada. Poca gente sabe lo que te duele o te da miedo; creo que tus miedos ni los dices, ni te los crees.

Extremadamente responsable, te sientes la responsable económica, moral y emocionalmente de mucha gente, a tal grado que en algunos momentos te cuesta trabajo soltar las cosas, no tomarlas con tanta intensidad y con tanta fuerza. Ese sentido de la responsabilidad te lleva a dar hasta vaciarte por dentro.

No te gustan las medias tintas y eres enigmática. No había visto a alguien que fuera tan protectora de su yo íntimo; mucha gente podría decir que te conoce, pero muy poca sabe realmente quién eres.

Hay algo que marca un antes y un después en tu vida. Muy inquieta, clavada, tema que se te meta a la cabeza es tema que no sueltas. Nunca has trabajado a profundidad tu amor propio; te quieres, te valoras, te respetas, marcas límites, pero a veces los marcas tanto que te vuelves lejana. Eres frontal, no te gusta andar adivinando.

Muy sexual, creativa y juguetona en la cama. Todo lo que tiene que ver con provocar deseo y seducir te gusta porque para ti es natural. Te cuesta poner la mente en blanco y trabajas mejor bajo presión.

MC: *¿Siempre fuiste intensa?*

MR: Creo que es algo que viene de mi infancia. Yo vivía con mis papás, su relación no era muy buena. De niña mis abuelitos me cuidaban porque mis padres trabajaban mucho en la noche. Había días en que uno de ellos tenía guardia en el hospital y yo me quedaba con el otro en casa de mis abuelitos. También me cuidaba mucho mi tía, ella es para mí como otra mamá. Con todo ese panorama siempre fui muy consentida, cuidada y protegida. Si no me sentía así me angustiaba mucho. Creo que eso fue lo que hizo que desde muy pequeña conociera el miedo y la ansiedad. También aprendí muy chiquita que algunas de las cosas que dices pueden lastimar a otros, por lo que empecé a distinguir cuando era prudente decir las cosas y cuando era mejor callar.

MC: *¿Por qué dices que conociste el miedo y la ansiedad desde pequeña?*

MR: Creo que fue por pasar tanto tiempo sola, el que me dejaran sola era algo que me generaba mucho miedo y ansiedad.

MC: *¿Y crees que eso ha influido en tus relaciones de pareja?*

MR: No sé, quizás. Antes lo hacía inconscientemente, ahora lo veo muy claro, las relaciones de pareja me hacían sentir acompañada, opacaban la soledad y compensaban muchas cosas. Hablando del tema de pareja, el amor propio, la aceptación y el cuerpo, últimamente he hecho consciente que siempre pensé que tenía que compensar mi imagen física con otras cosas. Me creía más gordita de lo que era. Pero ahora he logrado un peso y una imagen con las que me siento cómoda y me doy cuenta de que todas aquellas ideas sólo estaban en mi cabeza.

MC: *¿Cómo llega a tu cabeza la idea de ser actriz?*

MR: Fue algo que estuvo en mi cabeza desde pequeña. Iba a clases de actuación, de canto y de piano, me encantaba, me divertía, era como un juego. Pero, a pesar de que siempre me apasionó actuar pensaba que no iba a hacerlo, que era algo muy difícil de lograr.

MC: *¿Por qué lo asumiste como un reto tan difícil?*

MR: Desde niña tuve el paradigma de que para ser actriz tenía que ser "la hija de alguien", era necesario conocer a alguien con influencia que te ayudara a entrar en la industria. Yo no conocía las opciones de cómo prepararme para una presentación o una audición. No sabía que podía presentarme así, tal cual soy, y que eso fuera suficiente para conseguir un trabajo, no sabía que eso podía funcionar. Realmente pensaba que todo en ese mundo se movía por palancas, y como yo no tenía ninguna pensé que no iba a lograrlo.

MC: *Si pensabas que era tan difícil, ¿de dónde sacas la motivación para presentarte e intentarlo?*

MR: De que nunca perdí la inquietud por la actuación. En la universidad me mantuve siempre en clases y talleres de teatro, hice varias producciones y obras para la escuela. Lo hacía de manera completamente *amateur*, no tenía nada que ver con mi formación universitaria.

Estando en esos talleres, un amigo me habló de una escuela de teatro musical y yo, amante de los musicales, decidí ir. No tenía nada que perder, pensaba que igual que en aquellas películas, donde después de tantos intentos, al fin, un día, la protagonista lograba sus sueños, yo también podría alcanzar los míos. Y efectivamente, aquel lugar me encantó, era justo como en las películas. Llegas y todos están cantando y bailando, es todo lo que hay por hacer: bailar, cantar y pasarla bien. Encontré gente apasionada como yo y me di cuenta que no era la única loca que soñaba con aquellas cosas.

En aquella experiencia también descubrí que no bastaba con el talento, que la preparación era esencial. Y decidí meterme a una escuela, pensándolo todavía como un *hobby*, porque continuaba con esta idea de que a mí no me iba a pasar, que yo no tenía el perfil de la televisión, del cine o de la protagonista de una novela. Pero entré a esta escuela y empecé a hacer obras de teatro.

En aquel momento también terminé una relación con un novio con el que llevaba casi diez años. Al mismo tiempo dejé un posgrado que estaba a punto de terminar, cosa de la que todavía me arrepiento. Pero cerré aquellos ciclos y decidí dedicarme de lleno al teatro, a la escuela y a mi formación, aunque fuera como *amateur*, por puro amor al arte y a las obras en que me presentaba.

A partir de entonces comenzaron a llegar audiciones. Fui a varias donde no quedé seleccionada y me daba cuenta de que a veces iba con mucho miedo, con ganas de no quedar, me autosaboteaba.

Después me llamaron para la audición de *Si nos dejan*, fui, me divertí en la audición, quedé y comenzó a suceder todo. Primero televisión, después cine, *stand up*, conducción, hasta llegar a todo lo que hago hoy.

MC: *Me quedé con curiosidad, ¿qué posgrado estabas estudiando?*

MR: Primero estudié Diseño y Comunicación visual en la UNAM y tenía una casa productora chiquita con mi exnovio. A la par estaba haciendo un posgrado en Políticas y Gestión cultural, con especialidad en Gestión de Eventos teatrales. Sin duda me gusta producir y gestionar.

MC: *Siendo tan pasional, ¿tus relaciones de pareja han sido largas?*

MR: Sí, tuve muy poquitas relaciones, pero muy largas. Una de ellas duró casi diez años y mi última relación fue de seis años. La más corta duró seis meses.

MC: *¿Cómo eres cuando estás enamorada?*

MR: Enamorada experimento mi yo en potencia, es un estado que me gusta mucho. Me encanta sentir la ilusión de una primera cita y de ver a alguien. Es un yo potenciado que también se da cuando me siento muy emocionada.

MC: *¿Ahora estás enamorada?*

MR: En este momento no. Pero sin duda es un estado que me gusta mucho. Sentir la complicidad con una pareja, ese tú y yo aquí, sin nada más.

MC: *¿Qué buscas en un hombre?*

MR: Es algo que he estado meditando y reflexionando mucho. Lo que solemos hacer es buscar a alguien que nos apoye, que nos quiera, que nos desee, que le guste estar con nosotras, que nos haga reír. Pero últimamente he pensado que lo que realmente necesito, o lo que me gustaría compartir con alguien, es el poder recibir lo que yo soy capaz de dar.

Yo soy muy protectora, me gusta resolver todo, quizás por eso estudié producción, mi cabeza está entrenada para resolver. Y así me comporto también con una pareja: "Yo lo resuelvo, no te preocupes". Y lo que me gustaría es que eso fuera recíproco, que esa protección también viniera del otro lado.

Busco además admiración mutua. Una admiración auténtica, no basada en la competencia y el ego, que es muy traicionero, siempre está acechándonos.

MC: *¿Te has sentido juzgada?*

MR: Sí, sobre todo por mí. Creo que ese es el juicio que más me afecta, el que ejerzo sobre mí. El juicio es engañoso, a veces uno piensa que es el otro quien nos está juzgando, pero en realidad somos nosotros mismos.

MC: *¿Alguna vez te has censurado?*

MR: Creo que soy muy indecisa. No lo parece porque soy arriesgada y me aviento, aunque lo pienso tres veces y la mayoría de las veces me lanzo con todo y miedo. Por ejemplo, me aventé del paracaídas y antes de lanzarnos le dije al instructor: "No quiero hacerlo". Y él respondió: "No tienes que hacer nada, sólo aviéntate". Sucedió y estuvo increíble. Sí, soy esa persona que lo piensa mucho, pero al final siempre hago las cosas que me dan miedo.

MC: *¿Qué haces cuando llega el éxito para que el ego no te traicione?*

MR: Creo que ha sido fundamental que las cosas se han dado poco a poco en mi carrera. El teatro fue un medio que me permitió que mucha gente me conociera. Después la televisión amplió ese público. Todo ha sido progresivo y creo que eso es lo que me ha ayudado a procesarlo mejor.

Sin duda toda esa exposición te cambia, eres más cuidadosa con tus palabras, tienes un compromiso con la gente que te sigue y tratas de ser siempre coherente. Todo eso hace que pienses siempre antes de actuar.

También mi familia ha sido determinante, mis papás son muy sencillos y me enseñaron el valor de la humildad. Mi madre es médico y nunca creyó que mereciera un trato preferencial por su profesión. Tampoco ella trató de manera distinta a sus pacientes. Esa actitud es algo que he heredado de mi familia y me encanta.

Me doy cuenta de que a veces juzgo a las personas que se creen mucho, a mí no me gusta creerme mucho, aunque a veces es necesario hacerlo. No para ponerte por encima de los demás sino para darte tu lugar, el que mereces por todo lo que has trabajado y logrado.

MC: *¿A qué estás más acostumbrada, a dar o a recibir?*

MR: Recibir es algo que me cuesta mucho. Me gusta ayudar, me gusta resolver y también me apena quedar mal. Siempre pienso lo que puedo hacer o sacrificar para dar.

MC: *¿Qué haces cuando tienes miedo?*

MR: La mayoría de las veces trato de racionalizar el miedo. Llega un punto en el que digo: "Si estoy sintiendo este miedo es porque lo que sigue va a estar padre".

MC: *¿En cuáles momentos de tu vida has tenido que reconstruirte?*

MR: Muchas veces, creo que cuando empecé a dedicarme a esto. Cuando decidí dejar todo y empezar a dedicarme de lleno al teatro musical. Con el teatro musical tuve que reconstruirme por completo y eso además coincidió con el fin de una relación larga que me dejó muy devaluada, por lo que también tenía que reconstruirme emocionalmente. Todos esos cambios simultáneos me llevaron a la reconstrucción.

En alguna etapa de mi vida me creí una mujer fea y enojona. Pensaba que nadie me iba a escoger. Entonces tuve que aprender, o más bien, fue un darme cuenta, que tenía que amarme, que era yo quien tenía que apoyarse y ser para mí como yo era para los demás. Mira, es la primera vez que lo pongo en una frase.

MC: *¿Qué hace que te levantes cada mañana?*

MR: El deseo de pasarla bien, pero infinitamente bien. Pasarla bien en el escenario, trabajando, con mi familia, al despertar. Esos momentos son el gran motor de la vida. Estar bien y tranquila con mi familia es un gran motor para despertar cada mañana. Y creo que también es una gran motivación el sentir satisfacción, ya sea por cumplir tus sueños o por dar un regalo y escuchar el *gracias*.

MC: *¿Cómo te gustaría que fuera tu futuro?*

MR: Me gustaría que fuera tranquilo y divertido. ¿A qué me refiero? A seguir dedicándome a lo que hago actualmente, a tener la tranquilidad de que mi familia y mi vida emocional están bien. Y con emocional me refiero no sólo a mi vida en pareja, sino que puedo estar en paz conmigo, con mis emociones. Que pueda decir "hoy voy a descansar y voy a ver la tele" y que eso esté bien. "Me voy a sentar un mes de vacaciones" y que pueda hacerlo sintiendo estabilidad económica, emocional y amorosas. Ser libre, hacer desde el estar en paz y el amor.

Amor propio

El mundo te dice que debes perder el miedo y arriesgarte, como si fuera tan fácil. Lo que sucede es que aconsejar y opinar no solamente es gratuito, sino sumamente sencillo. Lo difícil es hacer las cosas como lo hizo Michelle.

Un día estaba platicando sobre Michelle Rodríguez con Verónica Toussent, una gran amiga y una persona que tiene mi corazón y mi confianza. Las dos coincidimos en que la presencia de Michelle convierte el mundo en un mejor lugar. Tiene una de las sonrisas más bonitas que he visto en mi vida, pero sobre todo, creo que tiene la capacidad de mirar hacia adentro de ella y ser ella misma.

Cuando dice que ella no tiene el perfil de una protagonista de novelas es posible darse cuenta de su enorme sensibilidad; de esa capacidad infinita que tiene de dar y de proteger a quienes la rodean. Ese es el más claro reflejo de alguien que está llena de amor y eso se debe a que, a pesar de cualquier situación o comentario, ella sabe quién es y lo que vale.

Grafoterapia para el amor propio

Esta es una grafoterapia para el amor propio donde usaremos la letra *a*. Recuerda que no hay letra alguna que represente una sola cosa. Sin embargo, me gusta la *a* porque es la primera letra que aprendemos. La zona media es lo más preponderante en ella y esta es la zona de la escritura que habla del amor propio.

1. Comencemos escribiendo la letra *a* y analizando su forma:

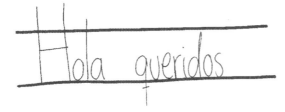

Zona alta

Zona media - autoestima

Zona baja

¿Cómo es tu a?

A con zona media marcada
amor propio sano.

A con zona media predominante que ya no se
distinguen las mayúsculas de las minusculas.

Zona media muy pequeña
te falta quererte.

A en tríangulo eres práctico
pero estás a la defensiva

En mayúsculas redondeada
amor propio protector.

A aplastada permites que aplasten
tus decisiones o autoestima

- *A* con zona media marcada: amor propio sano.
- *A* con zona media predominante: no es posible distinguir las mayúsculas de las minúsculas.
- *A* con zona media muy pequeña: te falta quererte.
- *A* con mayúsculas redondeadas: el amor propio es protector.
- *A* en triángulo: eres práctica, pero estás a la defensiva.
- *A* aplastada: permites que aplasten tus decisiones o autoestima.

Haz una lista de las cosas más bonitas que tienes:

1.

2.

3.

4.

5.

6.

Atrévete a luchar por tus sueños: Lizbeth Rodríguez

Personalidad *Z* y *L*

Quiero cambiar ese modo de pensamiento de que tenemos que aguantar cosas por el miedo al qué dirán, o la creencia de que una mujer sola no puede sacar a sus hijos adelante. Sí, es difícil, sí, es cansado, yo pasé por ahí. Pero créeme, vale tanto todo ese esfuerzo para demostrarte que no dependes económicamente de un hombre.

Análisis grafológico

Minuciosa, determinada, nerviosa, preocupada, más de lo que uno se puede imaginar. Impaciente, acelerada, le gustan las cosas rápidas y bien hechas, con liderazgo. Te inventas sin que nadie te ayude. Lo que has logrado ha sido por méritos propios, con muchísimo trabajo.

Vienes de una cultura de mucho sacrificio, de mucha entrega, eres muy apasionada. Por fuera diciendo: "No pasa nada, tú sigue adelante, adáptate al cambio", pero por dentro, a veces, eres resistente al cambio.

Por un lado, te da mucho miedo quedarte estancada, te cuestionas mucho si tomaste una buena decisión. Cuando estás cerrando ciclos es cuando más se te dificulta decir adiós.

Te cuesta trabajo pensar que faltaste a la lealtad porque la lealtad es vital para ti. Consideras un privilegio tener a tu lado personas que son leales y con las que puedes ser leal.

Lizbeth termina siempre lo que empieza, eso lo supe cuando pintó un corazón con la parte de atrás más redondeada. Hay mucha más ingenuidad en tu pasado que en tu futuro. A nivel amoroso eres muy clara de la pareja que deseas a tu lado porque eres consciente de lo que quieres, pero sobre todo, de lo que no quieres.

Enigmática en todo lo que tiene que ver con negocios. Eres muy reservada en tu vida privada, probablemente en lo público puedas hacer y deshacer, pero en lo privado eres extremadamente reservada. Tu núcleo cercano ha de ser de personas contadas.

Eres como una niña pequeña con caparazón grande que no quiere sentirse vulnerable.

MC: *¿Cómo fue tu infancia?, ¿por qué tuviste que ser tan independiente?*

LR: Así es, te cuento algo que he dicho en varias ocasiones, mi infancia fue un tanto complicada. Me tuve que enfrentar a problemas que no correspondían a mi edad. Sin embargo, creo que eso me hizo fuerte y ahora es algo que agradezco. Agradezco todo lo que me pasó porque eso me hace la persona que soy hoy y me gusta quien soy.

Vengo de una familia de "gente divertida", por decirlo de alguna manera, pero a veces había problemas para comunicarnos. En momentos en los que yo quería sentarme y hablar con seriedad terminaba a veces en burlas y risas. Y creo que tuve que guardarme esas cosas.

Mi madre trabajó para sacarnos adelante a mi hermano y a mí. Yo soy cuatro años mayor que mi hermano y me tocó ser la adulta, darle de comer, cuidarlo y llevarlo a la escuela. Eso, junto a otras cuestiones de abuso, me llevó a crecer rápido. Pero al final supe salir adelante. Me concentré en lo mío, en aprender, en tomar talleres y cursos. Creo que eso fue lo que me salvó, aprender, estar inmersa en un montón de cosas.

MC: *¿Qué cursos tomabas?*

LR: En la escuela era abanderada y sargento. Estaba en un grupo de teatro, de primeros auxilios, oratoria y en otro que se llamaba "Constrúyete", que se enfocaba en el cuidado al medio ambiente. Me encantaba hacer de todo. Creo que eso también fue lo que me salvó.

También comencé a ir a la iglesia, me metí al grupo de jóvenes y al catecismo, hice la primera comunión y la confirmación. Siempre estuve en esa búsqueda constante de un grupo que me permitiera conocer a otras personas. Soy esa chica que llega al mercado y termina siendo la mejor amiga de quien está empaquetando las cosas. Desde siempre me ha gustado la comunicación con la gente. Creo que conocer a otras personas es algo muy bonito. Me gusta darme y que la gente se dé.

MC: *¿Por qué eres muy abierta en lo social pero muy reservada con tu intimidad?*

LR: Sí, aunque esté pasando por un momento difícil o complicado en mi vida personal intento siempre sonreír a las circunstancias. Tengo la idea de que el estado de ánimo es una decisión. Y sí, es válido y está permitido llorar y sentirse mal o golpear cosas, eso me lo permito. Pero cuando salgo a la calle prefiero fluir. Le doy una sonrisa a la vida para que la vida me sonría a mí. A veces nos enfrascamos en el pozo, en que todo está mal, en que me duele el corazón. Pero no es bueno darle tanta fuerza a los problemas, enfrascarnos en el sufrimiento.

MC: *¿La lealtad es para ti fundamental?*

LR: Pienso que hay que ser agradecidos siempre, desde con las personas que te tienden una mano en una situación personal hasta en algún trabajo donde te dieron una oportunidad de crecimiento y aprendizaje. Ningún ser humano es perfecto, pero yo decido quedarme con lo bueno de las personas, difícilmente voy cargando con las cosas negativas. Pero si se trata de alguien que me ha traicionado muchas veces, entonces pienso: "Ellos se lo pierden".

A veces las traiciones que más duelen son las que vienen de quienes no lo esperas. A quien consideras tu mejor amiga o como tu hermana, esa persona con la que siempre estás cuando te necesita y le deseas lo mejor. Hay muchas personas que me odian y sí, seguro van a atacar esta entrevista, no importa. Duele cuando viene de la persona que no esperas, eso es horrible. Son situaciones dolorosas, pero también son aprendizajes para toda la vida. Así aprendes a valorar a las personas que se quedan contigo a pesar de todo.

MC: *¿Cómo fue ser mamá?*

LR: A los dieciocho lo intenté con la pareja que tenía en ese momento y no funcionó. Sé que todo en la vida pasa por y para algo, tal vez no era mi momento. Después terminé mi carrera, me estaba yendo muy bien, en el mundo del teatro había muchísimo trabajo y yo dije: "Tengo que ser mamá ahora, el trabajo tiende a ir en aumento, pronto voy a tener más y si ahora que me está yendo muy bien estoy pensando en tenerlo, cuando sea más grande va a ser imposible que me haga tiempo. El momento perfecto nunca va a llegar, es ahora o no va a pasar que sea madre". Así que lo intenté en ese momento y pasó.

Creo que soy una persona que se automotiva. La vida cambia muy rápido. No hay ni un segundo para titubear. La motivación es lo más grande que puedes tener en la vida, y con un bebé, imagínate, se potencia.

MC: *No eres infiel, no te gustan los secretos.*

LR: Soy una persona que cree en decir las cosas como son. Cuando comienzo a salir con alguien pregunto, va a ser una relación abierta o quieres exclusividad. Hay gente que le gusta jugar, lastimar corazones, y cuando veo eso yo reclamo esa infidelidad como si fuera a mí a la que hubieran engañado.

MC: *¿Cómo llega a tu vida* Exponiendo infieles?

LR: Fue un proyecto que ya existía y me dieron la oportunidad de retomarlo. Yo acababa de entrar a internet, no tenía la menor idea de nada. Sin embargo, viví situaciones en las que en algún momento mi pareja había querido terminar o concluía la relación justo porque me quería revisar el teléfono y yo no aceptaba, yo jamás habría revisado un teléfono o cruzado el punto de que me lo revisaran. Y cuando yo revisé alguno encontré muchas cosas. Un celular es un mundo, siempre lo he dicho, guardas toda tu vida ahí, hasta tus cosas más oscuras. Entonces sí, al momento de revisar un teléfono es muy común decir "el que busca encuentra", y es cierto. Uno tiene ahí cosas ocultas que no va divulgando en el mundo. Sus búsquedas personales en internet, los historiales, las personas a las que sigues o las personas que buscas y mucho más.

MC: *Entonces, ¿lo que haces se trata de visibilizar una realidad que ya está pasando?*

LR: Totalmente, ahí está la información, haz con ella lo que quieras, pero que no te vean la cara. Si tú lo sabes y estás bien con eso, es otra cosa. Tú tienes la opción de continuar o dejar ir.

MC: *Solamente 5% de la población mundial destaca y tú perteneces a ese 5%. ¿Qué consideras que fue lo que hizo la diferencia en ti para sobresalir?*

LR: Realmente no podría decir que existe una fórmula. Creo que cuando deseas algo con todas tus fuerzas el universo entero conspira para que lo tengas.

En algún momento de nuestra vida hemos escuchado: duerme poco y sigue trabajando que algún día tu esfuerzo será redituado. Y yo toda mi vida me esforcé mucho, desde la prepa trabajaba. En la universidad participaba en seis montajes al mismo tiempo, salía de la escuela a los ensayos, comía mientras manejaba. Hubo una época en la que llegué a tener cinco funciones de distintas obras un mismo día.

Pero, además de esforzarte, creo que la clave está en hacer aquello que te apasiona. Antes de entrar a la carrera me estaba decidiendo entre medicina, mercadotecnia y teatro, al final me decidí por el teatro. Algo que fue determinante para tomar esa decisión fueron las palabras de un maestro: "Si haces lo que te gusta vas a ser bueno porque te gusta, y si eres bueno, tendrás trabajo". Y sí, me he esforzado mucho por conseguir lo que quiero y salir adelante, pero ha sido desde la pasión, porque es algo que me gusta y no una obligación.

MC: *Creo que la sociedad en la que vivimos es mucho más severa con las mujeres que con los hombres, ¿cómo manejas la presión social?*

LR: En las redes sociales estamos acostumbrados a ver todo perfecto. Muchos se muestran perfectos en Instagram, pero cuando los conoces en persona te das cuenta de que viven preocupados por cómo los perciben los demás.

A mí, por ejemplo, me criticaron mucho hace unos años cuando publiqué en mis redes que tenía una deuda. Pero no soy la única persona con deudas, no es un motivo para avergonzarse.

Las cosas no siempre son lo que aparentan o como las imaginamos. A veces aspiramos a ser una familia perfecta y proyectar eso en una foto y el mundo puede creerse esa imagen, pero nosotros sabemos lo que está pasando detrás de los reflectores.

MC: *¿Qué buscas en una pareja?*

LR: Como he dicho, no somos perfectos, todos tenemos cosas que no le van a gustar a la otra persona. Yo creo que el ser pareja se basa en ser un equipo, pero muchas veces no se ve así. He tenido parejas que me ven como una competencia, a las que les causa conflicto que yo gane más. Por eso creo que el saber ser un equipo es fundamental.

MC: *¿Cómo lidias con esa competencia dentro de la relación de pareja?*

LR: Buscando una persona que pueda emocionarse porque te va bien, porque tengas un nuevo proyecto, alguien a quien le emocione crecer contigo. No me gusta estancarme o permanecer en el mismo lugar. Por lo que conecto mejor con personas ambiciosas, que quieran lograr más, que quieran superarse a sí mismas y que quieran aprender. Gente divertida, alegre, inteligente y con una excelente ortografía.

MC: *Creo que estamos viviendo unos tiempos complicados para la humanidad. Tú has tenido que reconstruirte varias veces desde niña, de manera personal y profesional. Ciertamente empezaste de la nada, no tenías palancas, nadie llegó y dijo: "Lizbeth, yo creo seriamente en ti y voy a poner mi dinero a disposición de tu talento". Y no sólo como profesional, también como madre has tenido que reconstruirte sola. Me parece que tu hijo no ha tenido un padre presente y atento, o que te haya apoyado económicamente. También está el hecho de salirte de Badabun, un canal muy polémico. Todo eso implican duelos en los que has tenido que reconstruirte múltiples veces.*

¿Qué le dirías a alguien que tiene que reconstruirse cuando van a cerrar su negocio, van a empezar a vivir de una manera diferente o relacionarse de manera diferente?

LR: Les diría que a veces pasan cosas aparentemente malas, pero que lo malo puede convertirse en algo bueno si te abres a la posibilidad de aprender de esa experiencia. Solemos enfocarnos en todo lo negativo, en todo lo que ya no tenemos, en todo lo que no somos, en todo lo que no nos dan, pero, realmente, todos somos afortunados de cierta manera. Tener salud, contar con todas nuestras extremidades, tener algo para comer, un techo donde resguardarnos. Tendremos más o menos en relación con otras personas, pero el punto es enfocarnos en todo lo que sí poseemos y son bendiciones. Cuando lo haces el mundo se ve muy distinto.

Sé que hay cosas que duelen enormemente, que pesan en el alma, pero si nos enfocamos en lo positivo, si de esa montaña de tempestad horrible decidimos que hay algo bueno, todo cambia. Hay que intentar dejar de lado lo malo y fluir con las cosas positivas, con eso que sí tenemos y disfrutamos. Si hacemos esto nuestra perspectiva y nuestra realidad cambian.

MC: *Te cuesta mucho soltar pero una vez que lo haces tomas al toro por los cuernos.*

LR: Así es, sí. Creo que la vida sigue, hay momentos en los que todo se sincroniza y realizamos cosas juntos, pero llega un punto en el que te tienes que separar y cada uno seguir su camino.

A mí, por ejemplo, me costó decirle adiós a Badabun. La verdad fue algo muy horrible, personas que en algún momento consideré mis amigos después de mucho tiempo me di cuenta de que ya no lo eran. Algunos actuaron de manera egoísta y pensaron sólo en ellos. No les importaron todas las personas que trabajaban allí. Y la verdad es que yo siempre he sido muy agradecida, desde con los guardias que nos recibían en la entrada, los que nos hacían de comer, los que limpiaban, los maquillistas y estilistas, los que editaban, los que nos hacían las portadas, los que conseguían las locaciones, con todos. El trabajo de todos ellos era fundamental. No por el hecho de yo ser la cara pública, la famosa, a la que le piden fotos en la calle, soy mejor que todos aquellos que, detrás de bambalinas, están haciendo que todo fluya y funcione.

Entonces, no se pensó para nada en la posibilidad de si esas personas iban a perder su trabajo. Vi muchos llorando porque tenían a miembros de su familia trabajando allí o porque no sabían qué hacer si se enfrentaban a un despido. Realmente fue un golpe que no esperábamos. Era diciembre, el mes en que supuestamente mejor nos iba a ir a todos. La gente esperaba sus salarios para celebrar las fiestas. Y de repente todo se desmoronó. Afortunadamente se han ido recuperando poco a poco. Y bueno, hay gente que siempre estuvo ahí y ahí sigue.

En mi caso yo decidí ver por mi equipo. En ese momento que no sabíamos qué iba a pasar, miré a mis amigos y pensé: somos teatreros, lo que sabemos hacer es teatro, así que decidimos hacer algo juntos y emprendimos una nueva aventura. En ese momento no sabíamos si íbamos a volver o no a Badabun, fue muy difícil, un quiebre enorme. No lo decía y trataba de no mostrarlo. Pero es justo en los momentos difíciles cuando te das cuenta de quién realmente te quiere, de quién realmente está ahí.

MC: *Te pasó algo maravilloso, dejaste de ser empleada, ahora eres dueña de tus contenidos.*

LR: Sin duda fue un punto de crecimiento. En mi etapa con Badabun se formaron cosas maravillosas. Pero ahora es el momento de ver qué puedo hacer yo, cómo volar con mis propias alas. Afortunadamente tengo un equipo increíble al que adoro, sin ellos no sería nada. Me siento muy agradecida de que cuando todo esto pasó ellos decidieron quedarse conmigo.

MC: *¿Qué sigue para ti?, ¿qué sueñas? Creo que eres muy realista y que, precisamente por eso, a veces te da miedo soñar.*

LR: Sí, soy realista y soy capaz de ver cuando hay oportunidades. Mi sueño no es convertirme en actriz de Hollywood. Soy licenciada en teatro, lo mío es la actuación, pero también me gusta hacer muchísimas otras cosas. Me gusta estar detrás de la pantalla, escribir, dirigir, hacer maquillaje, me gusta todo. Pero lo que me llena el alma es actuar.

Justo ahora, en los proyectos en los que estamos trabajando, se viene algo con Laura Bozzo para internet, con el equipo de *Dead Women*, con las chicas de Google y YouTube. Queremos ponerle nombre a todas estas cuestiones de violencia con las que vivimos día a día y con las que nos identificamos. Queremos hacer un proyecto de concientización social, demostrar la importancia de denunciar. Y, además, hay un proyecto con Laura en el que vamos a seguir una línea de infidelidad, se llama *Mujeres con causa*. Vamos a estar debatiendo con Noel temas como las relaciones tóxicas. Queremos trabajar algo para las redes y posiblemente también para televisión.

Estoy además retomando el teatro. Hay una función que vuelve y una nueva que estoy haciendo de la que ando aprendiendo el guion. Una nueva serie para Facebook que se llama *Nosotras*. Vienen muchos proyectos, ahora que digo los nombres me doy cuenta de que todo viene muy enfocado en la mujer.

Atrévete a luchar por tus sueños

Lizbeth Rodríguez es una de las personas más amables y educadas con las que me he topado. Pocas personas tienen tan buena disposición como ella. Es amable y atenta con todo el mundo, su trato es igual para todos. Su éxito es sólo la punta del iceberg, detrás hay un enorme trabajo personal.

No recibió ayuda para llegar a donde está, fue tras su sueño y el estar dispuesta a pagar el precio para alcanzarlo es lo que la llevó al éxito.

Grafoterapia para atreverte a luchar por tus sueños

1. Responde con toda sinceridad estas preguntas:

- ¿Tienes la vida que quieres vivir?
- ¿Eres la persona que quieres ser?
- ¿Has luchado sin rendirte por lo que quieres?

2. Cuando no te decides, cuando no elijes, tu escritura se hace más pegada, se junta y a veces es muy lenta. Cuando te decides tu letra se vuelve rápida. Tu grafoterapia a partir de hoy es dibujar rápido y hacia la derecha triángulos. ¿Por qué triángulos? Porque esa angulosidad es el coraje que te falta, la energía que necesitas. No te enfoques en si quedan bonitos o feos, esos triángulos son tu fuerza y el aceite que necesitas para moverte con más soltura.

La incertidumbre: Primitivo Olvera

Personalidad I y L

Todos los miedos tienen que ver con esa incertidumbre de pensar en todo lo malo que puede pasar, entonces no sabes qué es más fuerte, si el miedo o el daño.

Análisis grafológico

Intuitivo, directo, concreto, práctico, enfocado en buscar soluciones. No se engancha absolutamente con nada, ha aprendido a soltar. Usa cada parte de su intuición y aprende muchísimo de cada experiencia. Le gustan los retos.

Se inventó a sí mismo. Nadie lo ha ayudado a nada, lo que ha logrado ha sido por méritos propios. Termina lo que empieza. Es definitivo al tomar una decisión. Cuando da, entrega todo; cuando quita, quita absolutamente todo. Marca límites de manera muy clara y desde un principio.

Primitivo, es defensor de sus ideas, pero sin caer en terquedades. Alguien que cree en el cambio y en la evolución constante. Si se deprime, él mismo se da terapia y se levanta.

Trabaja mejor bajo presión, vive mejor bajo estrés, aguanta más el estrés que la calma. Parece que mucha calma le puede generar ansiedad. Le cuesta poner la mente en blanco, no descansa nunca. Es duro consigo mismo, severo para juzgarse. La lealtad es fundamental en su vida. Es alguien que busca congruencia entre lo que dice, piensa y hace. Alguien que está tratando de no tomarse las cosas tan en serio, ni siquiera a sí mismo.

MC: *¿Cómo eras de niño?*

PO: Siempre me gustaron mucho los deportes, eran mi pasión. Soy el único hombre en una familia de tres hermanas, era el único nieto de mis abuelos y el más chico. Por lo que a veces era muy consentido. Tenía muchos primos con los que jugaba y practicaba deportes, por lo que nunca sentí que me hiciera falta un hermano.

Nunca se me hizo difícil la escuela, tampoco sentí que me tuve que esforzar demasiado. No era apasionado de los videojuegos, aunque sí me gustaban y vi pasar toda la evolución. Me gustaba jugar un poco en la calle.

MC: *No eres una persona que genera apegos o genera dependencias.*

PO: Para nada, no soy una persona apegada a nadie. Algo a mis hijas, por supuesto, pero más allá de eso soy una persona que puede pasar mucho tiempo sin ver o comunicarse con alguien que quiere sin que eso signifique que no existe el cariño. Me cuesta trabajo extrañar, no extraño mucho a la gente, sólo a muy poquitas personas. No soy de añorar cosas. Disfruto los recuerdos, desde luego. A veces me pregunto por qué no hice ciertas cosas, pero eso ya pasó y no me quedo en el pasado.

MC: *Sin embargo, crees mucho en el trabajo en equipo y te gusta.*

PO: Sí, el trabajo en equipo es fundamental. Es algo necesario para salir adelante. Es decir, nadie hace las cosas solo, sobre todo en los medios de comunicación. A pesar de ser un medio en donde hay mucho ego y competitividad, yo creo mucho en el trabajo en equipo. En reconocer que cada uno pone su granito de arena, que cada labor es importante y valiosa.

MC: *¿Consideras que ser leal ha sido tu diferenciador en este medio?*

PO: He tenido la fortuna de tener equipos en donde hay una gran lealtad. Lealtad no es ser condescendiente, al contrario, lealtad y honestidad quiere decir que si haces algo bien estás dispuesto a recibir las críticas y estás dispuesto a defender tu trabajo. Y si alguien hace algo mal también saber ser crítico, ser honesto y directo. Para mí eso es la lealtad.

Yo creo que refleja la forma en que soy. En medio de este mundo de estrés en el que dices que me gusta estar, hay momentos de enorme tensión en donde las cosas pueden no salir bien. Puede que levantes la voz y lances gritos, digas groserías y te agarras del chongo con alguien. Pero, una vez que pasa el momento de tensión es importante ser capaz de decir: "Hasta aquí llegó, esto sucedió por un motivo y a partir de ahora eso es el pasado". Y seguimos tan amigos como siempre, no me guardo rencores.

MC: *¿Por qué elegiste el periodismo?*

PO: Yo creo que por accidente. Estudié periodismo porque me llamaba la atención la crónica deportiva en la televisión. Elegí sin tener claro realmente qué me gustaba o cuál era mi vocación. Yo era un tipo muy tímido y en aquella época me costaba trabajo hablar en público. Nunca fui extrovertido, era más bien inseguro.

Fue con el tiempo, cuando empecé a hacer prácticas profesionales en televisión y a hacer ciertas cosas periodísticas como notas informativas, edición y todo lo que tenía que ver con el medio que descubrí y reafirmé, afortunadamente, que sí me gustaba muchísimo. Desde entonces me dediqué al oficio y sigo aprendiendo después de muchos años.

Paradójicamente, nunca he trabajado en deportes. La mayor parte de mi carrera ha sido en la radio, este año cumplo veinticuatro años en los medios, siempre trabajando en radio. Y aunque he estado en televisión durante muchos años, la radio es lo que más me ha gustado y lo que más me gusta, no la cambio por nada, es el mejor medio.

MC: *¿Cómo empiezas en el ámbito de la noticia política?*

PO: Cuando salí de la universidad pasé unos seis meses sin trabajo, acababa de graduarme, no tenía experiencia. Mi papá tenía un amigo que trabajaba en ABC Radio y me contactó con él. Trabajaba en un programa de noticias urbanas sobre la Ciudad de México, se llamaba *Buenos días señor delegado*. Fui y de inmediato me pusieron a hacer reportajes de la ciudad. En aquel momento cubríamos las delegaciones del Gobierno de la Ciudad de México y había muchos temas que tenían que ver con la denuncia ciudadana.

Tuve la fortuna de que una de mis primeras experiencias fuera cubriendo las primeras elecciones para jefe de Gobierno que hubo en la Ciudad de México, en 1997. Yo cubría todos los partidos pequeños durante todas las elecciones.

Ahí estuve haciendo reportajes alrededor de un año hasta que renuncié. No recibía paga, trabajaba sin cobrar.

Al año siguiente, a finales del 97, tuve la fortuna de entrar a Radio 13 como asistente en un noticiario vespertino que se transmitía con Lilia Silvia Hernández y con Arturo González. Ahí estuve dos meses trabajando, hasta que un día me ofrecieron la oportunidad de colaborar con Pepe Cárdenas en Radio Fórmula.

En esa época, grababa en un casete las notas que salían en CNN con una televisión y con una grabadora todos los audios, imprimía las notas de las páginas de internet y le entregaba todo a Pepe. Él lo llevaba a la estación, que estaba en una oficina alterna, se lo entregaba a Ricardo Muñoz, el productor, hoy director de W Radio, y ahí se vaciaban las notas en cintas y después en minidiscos.

MC: *Todo suena muy primitivo. ¿Dónde estabas en la crisis del 94?*

PO: Estudiando, fue un año complicado porque todo iba bien hasta que inició ese primero de enero. Lo recuerdo muy bien, estábamos de vacaciones y, de repente, comenzaron noticias terribles: el grupo armado en Chiapas y el asesinato de Colosio. Yo estaba en la universidad cuando en diciembre comienza la crisis en cuanto tomó posesión Ernesto Zedillo. Aquel año me parece muy lejano. Eran otros medios de comunicación y otra manera de hacer circular la información. Si hubiéramos tenidos las herramientas de comunicación de hoy hubiera sido muy distinto. La mayoría de las personas no tenía teléfonos celulares, los reporteros no los usaban.

Las noticias se daban por la radio y la televisión. No había internet en 1994.

MC: *¿Cuál sociedad crees que es más crítica, la actual o la del 94?*

PO: No sé si más crítica, pero la actual es más vociferante. Hay más espacio para la crítica y la polarización. Y eso hace que se pueda tomar partido, que podamos interactuar dentro de una sociedad más participativa. Pero, por el otro lado, también hay mucho ruido, como en Twitter donde a la menor provocación lanzas cualquier cosa al adversario.

MC: *Como periodista, ¿qué cobertura has disfrutado más?*

PO: He disfrutado varias, sobre todo la crónica narrativa. Pero disfrutar no quiere decir necesariamente que el evento que cubrí fue algo positivo. Por ejemplo, la primera que me viene a la mente es la del 11 de septiembre del 2001 porque fue un día de gran intensidad desde que supimos que los aviones se estrellaron en las Torres Gemelas.

Con el equipo que trabajaba entonces estábamos comenzando un proyecto y teníamos toda la adrenalina, toda esa necesidad de buscar explicaciones por todos lados a algo que no entendíamos. Fue muy intenso y creo que lo hicimos bien, había que buscar explicaciones de todo, de cómo eran los aviones, de quiénes eran estos tipos, buscar a personas que estuvieran en Nueva York en un momento en el que las comunicaciones no funcionaban. El buscar a personas en Washington fue una jornada muy dura. Creo que esa fue la primera cobertura que realmente me llenó de intensidad.

Otra ha sido las elecciones presidenciales, sobre todo la del 2006 que fue fascinante por toda la incertidumbre que había. Estaba por llegar el día de la elección, era abril, y Andrés Manuel López Obrador tenía ventaja en las encuestas. Pero en julio que fue la elección las cosas cambiaron. Recuerdo que estábamos en el INE y había una gran incertidumbre de cómo iban las encuestas. Todos calculábamos que alrededor de las 4:30 pm tendríamos una tendencia, pero a esa hora nadie sabía hacia dónde se inclinaba la balanza. Y entonces llegó ese momento en el que Luis Carlos Ugalde, presidente del INE, dijo que no había manera de declarar un ganador, fue una crisis brutal. Esa cobertura fue muy intensa y todo lo que vino después, hasta la toma del plantón en Reforma.

MC: *¿Qué tanto crees en las encuestas?*

PO: Las encuestas tienen una función, son reflejo de un momento. Creo que hay que darles una dimensión adecuada, no son elementos para predecir nada, dicen cuál es el estado de ánimo, el sentir de una sociedad. Por lo que no hay que darles una propiedad que no tienen. Desde el 2006 hay muchos fenómenos que han dificultado el trabajo de las encuestadoras. La polarización, la incredulidad, la falta de confianza en las instituciones, en los políticos, en los medios y, también, en las propias encuestadoras, lo que ha hecho que esta labor sea cada vez más difícil. Creo que en los años recientes hemos llegado a un punto en el que la gente tiene miedo y sospechas, por lo que decide no contestar lo que realmente piensa.

MC: *¿Cuál ha sido la mayor tensión que has vivido y que nos puedas contar?*

PO: Siempre hay tensión en cuanto a las coberturas porque hay muchos elementos que están en juego. Si un elemento falla siempre genera una cierta tensión. Por ejemplo, por muchos años fui y he sido coordinador de invitados y de entrevistas. Ese es un trabajo tenso porque estoy convencido que, al final, el buen resultado no depende al 100% de ti. Tú puedes haber confirmado una entrevista, puedes hablar con el entrevistado, puedes hacer todo tu trabajo. Pero si al momento justo el entrevistado no puede tomar la llamada o no puede llegar al lugar, el que fracasa eres tú, porque no tuviste a la persona que querías entrevistar. Imagínate que invitas al diputado o al abogado y confirman, pero luego no llegan. Entonces tienes un programa que hacer, pero no tienes invitado en un programa que es de invitados, ahí tienes que improvisar.

Afortunadamente existen mecanismos, si no teníamos otros invitados se alargaba o se quitaban espacios. También ahí he tenido fortuna porque cuando algún colaborador de algún espacio ha tenido un imprevisto puedo yo entrar. Por eso es importante tratar de hacer de todo y estar al aire, pero estar también "atrás del aire" y conocer todo el proceso, porque muchas veces hay que improvisar y para hacerlo debes de saber. No se trata de hacer las cosas como Dios te dé a entender y sin ningún respaldo. Sólo puedes improvisar bien cuando dominas algo. Aunque creo que esto no se termina nunca de dominar.

MC: *Si alguien se te acerca y te dice: "Acabo de perderlo todo", y ese todo puede ser mi trabajo, mi casa, mi estabilidad, ¿qué le dirías?*

PO: Pues hay que levantarse, tú puedes perder todo, puedes vivir momentos muy difíciles en donde te sientes totalmente solo pero siempre puedes levantarte.

Mi momento más complicado fue cuando nació mi segunda hija, Sofía, que nació con una discapacidad. No lo sabíamos, nadie nos dijo o no se detectó cuando mi esposa estaba embarazada. Por lo que cuando nació fue un momento muy difícil por varias razones. Todo parecía que estaba bien, pero en un momento en que fui a grabar unas cosas en la estación de Radio Fórmula, de repente me habla una doctora y me dice que mi hija está bien, pero tiene una bolsita en la espalda conformada por su propia piel y que esta bolsita se rompió al momento de limpiarla. Tenía que ir al hospital porque ya habían llamado a un neurólogo, aunque no era grave.

Llego yo al hospital y mi esposa todavía estaba sedada, le pusieron mal la epidural y estaba dormida. Yo fui a hablar con el doctor y él me explicó que Sofía tenía una malformación, su columna no se había formado bien y no iba a poder caminar. Tenían que operarla de inmediato, el mismo día que había nacido. Una vez operada había altísimas posibilidades de que tuviera hidrocefalia. Yo obviamente no sabía ni estaba preparado para eso. El primer paso era asimilar, saber qué es lo que pasaba porque no tenía idea. El segundo, explicarle a mi esposa que estaba por despertar. Lo primero que vio Mónica cuando se despertó fue a Sofía y después le expliqué lo delicado del asunto. Fue un momento en el que había que actuar y tomar decisiones inmediatas.

A los tres días la volvieron a operar porque sí desarrolló la hidrocefalia. Le pusieron una válvula y luego vino un periodo muy difícil de espera, de no saber si desarrollaría alguna infección.

En esos momentos sientes que se te cae el mundo, pero sabes que tienes que hacer las cosas, que tienes que resolver. Y yo creo eso: en la vida uno tiene que resolver.

Hoy estoy muy feliz con Sofía y Mariana, son niñas felices, alegres y plenas. El panorama ha sido mucho mejor de lo que habíamos pensado, ha sido una experiencia maravillosa. Mis hijas son lo más extraordinario.

En la vida debes tener tiempo para reflexionar y para lamentar. Pero no te puedes quedar ahí, uno debe tomar decisiones y resolver las cosas porque nada es personal. No creo en los rencores.

Todos los miedos tienen que ver con la incertidumbre, con pensar lo malo que puede pasar, entonces no sabes qué es más fuerte, si el miedo o el daño.

La incertidumbre

Primitivo Olvera es enorme, no hay tema que no domine, pero, sobre todo, creo que aprendió que la vida, el destino y las situaciones son cambiantes y que hay que abrazar a la incertidumbre. Que no podemos controlar todo lo que pasa a nuestro alrededor, al contrario, habrá que hacernos a la idea de que los cambios llegan todo el tiempo, vertiginosos y sin pedir permiso.

Al otro lado de la incertidumbre se encuentra la confianza. Podríamos interpretar ese desconcierto no como algo que da miedo sino como la posibilidad de construir.

Todos los días nos enfrentamos a un montón de retos y, aunque no podemos saber qué va a pasar en el minuto siguiente, sí podemos tener la capacidad de elegir cómo vamos a actuar ante una situación. Los seres humanos somos los únicos capaces de gestionar nuestras emociones, no se trata de no sentir sino de aprender a sentir.

Todo el mundo te va a decir que no sientas miedo; sin embargo, es un mecanismo de defensa necesario para sobrevivir. La manera de vencer el miedo no es obviándolo sino dándote cuenta de que son más grandes las ideas que te generas en la cabeza que la realidad. Esa telenovela que no para nunca es diferente a lo que realmente está pasando.

Grafoterapia para trabajar la incertidumbre

1. Vencer el miedo implica analizar tu sistema de creencias. El miedo intoxica al cuerpo, pero empieza generando una agonía en la cabeza, por lo que es esencial identificar en qué estás pensando. Así que encuentra un espacio seguro y respóndete con toda sinceridad estas preguntas:

- ¿Qué te da miedo?
- ¿Cuál es el origen de ese miedo?
- ¿Es fundado o infundado?
- ¿Puedes hacer algo para prevenirlo?
- ¿Qué tan probable es que suceda lo que te da miedo?
- ¿Qué calmaría tu miedo?

- ¿Qué sería lo peor que podría pasar?
- ¿Cómo podrías solucionarlo?
- ¿Cuál es tu discurso interno?

2. Ahora, en color dorado, escribe la palabra "confianza", con letras mayúsculas. Con cada letra proponte pensar diferente, cambia conscientemente esa emoción de miedo por la emoción de confianza. El color debe ser dorado porque manda al cerebro información de prosperidad, de lujo y confianza. En mayúsculas porque necesitas ser práctico.

Autonomía e independencia: Alex Montiel

Personalidad Z y A

Descubrí que del otro lado tenía la
oportunidad de oro para crear mis propias
reglas, para no preguntarle a nadie.

Análisis grafológico

Terco, fuerte, competitivo, una persona que se cae y se levanta. Atento a los pequeños detalles, más sensible de lo que aparentas. Te pones el caparazón de: "Soy muy fuerte y no pasa nada", pero por dentro claro que pasa. Para bien o para mal analizas todo, demasiado perspicaz. Generador de hipótesis, algo no ha pasado, pero estás imaginando qué pasó, cómo pasó, cuándo, por qué, dónde. Muy intenso, tu monólogo interior no se detiene nunca.

Das todo, ya sea con los amigos, con la pareja o en lo profesional. Pero cuando dices basta eres tajante, no hay vuelta atrás. Tienes que admirar profundamente a la persona que amas, eres muy apasionado.

No te detienes nunca, al contrario, consigues algo y vas por más. Soportas todo menos la mediocridad. Te molesta la gente lenta, te desespera cuando la gente habla despacio o cuando no hacen las cosas.

Para tomar una decisión lo piensas mucho, lo analizas demasiado. En este momento de tu vida no libras batallas que no estés seguro de que vas a ganar, aunque te guste la adrenalina y el riesgo. Hoy sabes cuáles son tus herramientas y cómo las vas a usar.

Alex es muy fuerte, más que el Alex Montiel social, el Alex personal protege muchísimo su intimidad y su vida privada, muy poca gente penetra a esta atmósfera familiar o íntima. Tu yo público puede ser de repente hasta agresivo con tal de proteger al yo privado.

MC: *Proyectas una gran seguridad, pero también vulnerabilidad y sensibilidad, ¿cómo eras de niño?*

AM: Fui un niño feliz, era muy cariñoso, extrovertido, sincero. Cuando en mi familia cuentan anécdotas de mi infancia siempre son cosas divertidas, graciosas, llenas de un humor involuntario producto de la inocencia y nobleza de un niño.

Te cuento una de esas historias, un día mi primo y yo estábamos muy intranquilos dentro de una oficina o un banco, no recuerdo bien, corríamos de un lado a otro y había un policía muy enojado con nosotros. Yo lo que interpreté fue que el policía se nos quedaba viendo no porque estuviera enojado por nuestro comportamiento, sino porque le habíamos caído bien. Mi tía se acercó y nos dio alguna papita o un dulce para que nos mantuviéramos tranquilos y lo primero que hice fue ir y compartirlo con el señor policía. Por supuesto, él quedó un poco desconcertado. Este tipo de experiencias me hace ver que de niños solemos ser muy transparentes y con el paso del tiempo la vida nos va enseñando que algunas cosas tal vez no son como pensabas.

Quizás algo en lo que yo me equivoqué en algún momento, pero de lo que no me arrepiento, fue en pensar que todo el mundo puede ser tu amigo. Aunque ahora sigo llevando esa bandera lo hago con muchas reservas. Ahora lo puedo resumir de esta manera: cuando alguien te decepciona o cuando tienes un problema con alguien, la primera vez la culpa es de la otra persona, la segunda es tu responsabilidad. Por lo que es importante saber poner las barreras adecuadas.

Yo crecí ocho años como hijo único. Les decía a mis papás: "Quiero un perrito o un hermanito". Al final me regalaron un hermanito peludo, entonces tuve un compañero. Pero yo veía a mis amigos y a mis vecinos que tenían sus amigos o hermanos y no tenían la necesidad de salir a jugar a la calle, en su casa tenían con quien jugar y pasarla bien. A veces me sentía un poco frustrado porque no podía jugar con ellos.

Siempre fui muy familiar, hasta la fecha. Me gusta mucho estar con la familia y me gustan las familias grandes. Mi papá es de México y mi mamá es de Chihuahua. Mi papá sólo tiene una hermana, mi mamá tiene ocho hermanos, ella es la mayor de nueve. Imagínate las navidades en Chihuahua, en Ciudad Juárez. Cada vez que llegaba una navidad e iba con mis primos, tíos, abuelos era para mí un sueño hecho realidad. Desde esos momentos de mi vida se fue forjando en mí el sueño de tener algún día una familia grande, de querer hijos, eso siempre lo tuve claro.

¿Qué más puedo contarte? Era un niño muy sincero e inocente. Recuerdo que mis papás trabajaban mucho, eso hacía que pasaran poco tiempo en casa. Algunas veces se salían muy temprano, incluso antes de que el camión escolar pasara para llevarme a la escuela. En una ocasión, yo tenía seis o siete años, mi papá llegó a la casa temprano y le preguntó a la señora que hacía la limpieza: "¿Alejandro está aquí?, ¿no fue a la escuela?" A lo que ella respondió: "Se despertó en la mañana y dijo que no tenía ganas de ir a la escuela porque tenía ganas de pasársela bien en su casa todo el día". Ese tipo de decisiones mostraban la sinceridad de un niño sin filtros.

MC: *Tú eres brutalmente honesto, ¿cómo lograste avanzar desde la honestidad?, ¿eso hizo el camino más largo o fácil?, ¿consideras que tu honestidad te ha servido?, ¿por qué?*

AM: Mis papás me enseñaron el concepto del trabajo. Mi papá tiene esclerosis múltiple desde que yo recuerdo, le comenzó cuando yo tenía trece años, él tenía treinta más que yo. Y hasta la fecha mi papá sigue trabajando, es abogado.

Ellos me dieron ese ejemplo de disciplina y trabajo. Porque mi mamá es igual, es socióloga y desde que tengo uso de razón siempre ha trabajado y ha ocupado puestos de liderazgo. Ambos me enseñaron con el ejemplo y, por supuesto, a través de lecciones y del diálogo, pero sobre todo con el ejemplo. De ellos aprendí que no puedo parar, que no puedo darme el permiso de no ser disciplinado, de no ser constante y trabajar por lo que quiero. Además, me enseñaron sobre responsabilidad, honestidad, puntualidad y justicia.

Por eso, lo que más me puede hacer enojar es cuando alguien desconfía de mi palabra, cuando dudan de lo que digo, cuando no me creen y cuando me tachan de deshonesto o mentiroso. Porque creo que la honestidad es lo más valioso que tengo, con esa bandera lo he logrado todo.

MC: *¿Llegaste sin ninguna palanca?*

AM: Ninguna, cero. La forma que encontré para entrar, además de estudiar la licenciatura en periodismo y muchos cursos, fue meterme a todos los concursos que podía. Muchos no trascendieron en lo absoluto, quedaba en último lugar y nadie me pelaba. En términos futbolísticos, le tiraba a la portería una y otra vez hasta que el balón entró.

Entonces empezaron a verme, era un chavo que apenas estaba en tercero o cuarto semestre de la universidad, pero me empiezan a incluir en prácticas profesionales. Se abrió un espacio para un programa de Televisa en el 2004, hice el *casting* y entré. Era *Planeta 3*, fue mi primer trabajo pagado, antes había hecho muchísimos trabajos gratis, en radio y en televisión. Era impactante: me pagaban por mi trabajo, en un programa en Televisa, en una época donde no había redes sociales, donde los procesos eran diferentes. ¿Cómo era posible que un muchacho de cuarto semestre, sin ningún contacto, sin palancas, entrara en un programa de Televisa, conduciendo y reporteando?

Compañeros de otras generaciones y de otros salones me veían intrigados: "¿Quién será éste?" No soy nadie, sólo soy alguien que chambea y que en lugar de irme a tomar una cerveza cada tarde me voy a trabajar.

Así fui acomodando mis tiempos para invertir en lo que me interesaba profesionalmente. En esos años hubo muchos sube y baja. En algunos momentos estuve a cuadro, en prensa, en radio, hasta en algún punto fui productor independiente, hice mis propios contenidos y hasta pude conducir un programa en Estados Unidos.

MC: *¿Por qué decides ser tu propio productor y jefe? ¿En qué momento decides ser empresario y crear tu marca?*

AM: Yo siempre he tratado de ser sumamente respetuoso y sincero a pesar de que a algunos no les guste lo que voy a decir. Siempre alcé la voz, con diferentes productores y en diferentes circunstancias. Si no estaba de acuerdo con alguna situación, si algún compañero se hacía el despistado queriendo trabajar menos y recargándome la mano a mí o a otros, siempre lo decía.

Sí, me encantaba mi trabajo, pero a veces me encontraba insatisfecho con lo que ganaba. A veces trabajaba toda la semana y si el programa no salía al aire no me pagaban un quinto. Era así de radical. Y yo me quejaba. En algún momento alguien me dijo: "Alex, entiéndelo, no eres una estrella". Aquella frase me desconcertó. Yo no buscaba ser una estrella, simplemente estaba tratando de hacer mi trabajo y cuando expresaba mi desacuerdo con algo era porque trataba de buscar justicia.

Tuve varios desencuentros, pero al final jamás se cruzaba la línea de la falta de respeto. Por eso me atrevía a decir lo que pensaba e independientemente de lo que dijera siempre conservé mi trabajo. Pienso que lo mantuve porque había razón en lo que decía y predicaba con el ejemplo.

MC: *¿Cuándo decidiste hacer videos y te diste cuenta de que eso era lo tuyo?*

AM: Me gustaban muchas cosas, escribir, locución, grabar, incluso me gustaba editar. Entonces dije, tengo que estar preparado, no sé por cuál camino ir, ese era mi temor. Por lo que pensé que lo mejor era prepararme para lo que viniera. Me formé en todas esas áreas. Y hoy en día eso es lo que me permite hacer entrevistas a un deportista, un cantante, un político o un actor. Esa preparación me dio la posibilidad de marcar un camino que me diera claridad e hiciera sentido para mí.

Comencé en Televisa, después radio y TV Azteca. Inicié haciendo videos en un momento en que las cosas estaban paradas, yo sentía que no estaba avanzando mucho pero ya tenía la confianza de mucha gente, me había ganado una reputación interna de que sabía hacer las cosas y de que podía dar más, en ese momento se abrieron las redes sociales y empecé a hacer vídeos.

En 2009 hago por primera vez al Escorpión Dorado. Surge como una caricatura, como una burla a los haters de las redes sociales, fue una parodia. Estando en TV Azteca la gente se empezó a dar cuenta de lo que estaba sucediendo, se daban cuenta de la cantidad de visitas que yo tenía con ese personaje. Entonces pasó algo como marcado por el destino. Mi programa de televisión dejó de salir tan seguido al mismo tiempo que empezaron a crecer los números en las redes sociales. Saqué mi canal individual, *Escorpión Dorado,* y después saqué mi canal de YouTube de cine, que era mi programa favorito, el que yo siempre había querido tener.

Entonces decidí meterme de lleno en las redes sociales. Pensé, ¿para qué sigo perdiendo el tiempo aquí? Me di cuenta de que del otro lado tenía la oportunidad de oro, podía crear con mis propias reglas, sin preguntarle a nadie. Si tenía una idea, con sólo presentarla a la gente podía saber si era buena o mala. Mientras que en la televisora, una idea era buena o mala según el criterio de una sola persona. De este otro modo, validas una idea preguntándole a personas de todo el mundo. Ellos te responden viéndola, destrozándola o ignorándola. Así fue como pasé de los medios tradicionales al internet.

MC: *Tu mamá, como socióloga, ¿qué piensa del personaje?*

AM: Cuando inicia el personaje mi mamá no sólo era socióloga, también comenzaba como cristiana, imagínate. Ella siempre se caracterizó por apoyarnos, cumplía con esa condición de la mamá ideal que apoya la vocación de sus hijos. "Que hagan lo que quieran, que sean los mejores en lo que les apasiona mientras sean felices".

Todos los guiones, todas las frases, todo el comportamiento están basados en lo que veo en la calle, en lo que leo en las redes sociales. A eso le incluyo mucho sarcasmo e ironía y de esa forma voy desarrollando el personaje. El modo en que se comporta y habla el personaje a mi mamá le da mucha risa, aunque obviamente no le encantan las groserías. A pesar de ser un personaje con estas características la prioridad en mi mamá siempre ha sido apoyarnos en lo que queremos. Entonces, aunque en algunos momentos se reía y en otros no entendía bien, siempre me apoyó. Por otro lado, mi papá, me atrevería a decir, tiene un sentido del humor mucho más sensible, mucho más desarrollado, es de risa fácil, así esté dentro de su mundo de estudios.

El punto cómico que ha desarrollado el personaje es una de las cosas que más me gustan. Yo soy malísimo para contar chistes, no me sé chistes y no soy un cuenta chistes. Mi humor es de situación, mi personaje no es alguien que quiere contar un chiste para que los demás se rían, no. El

Escorpión, a través de la ironía, la caricatura y la exageración de la cultura provoca la catarsis y la risa de la gente. Pero no es porque quiere ser gracioso, lo que está diciendo lo dice en serio, y es el contexto de la situación lo que hace que sea divertido o cómico.

¿Qué es más grande, la persona o el personaje? Yo lo tengo muy bien asimilado. Cuando la gente trata de separar a estas dos personas, Alex Montiel y Escorpión Dorado, como si fueran competencia, me parece una tontería. Yo soy la mano que mece la cuna, soy la mano que mueve. Lo explico con esta analogía: yo creé al Escorpión, es mi arma que puedo utilizar para lo que quiera, cuando yo quiera. Todas las cosas que el Escorpión logra, en las entrevistas en el carro, la nota que va sacando del deportista, del cantante, del actor, del político, todo es porque yo le voy susurrando en el oído qué preguntas hacer.

A lo largo de todos estos años me he empapado de la carrera y de la situación política, artística y deportiva de este país, por eso puedo irle susurrando sobre peleas, fracasos, triunfos y así es como se crea la magia. Entonces, cuando es el momento adecuado Escorpión puede usar esas preguntas. He creado una barrera lo suficientemente clara para que Disney me invite a ser el conductor de alfombras rojas.

MC: *¿Cómo es tu relación de pareja?*

AM: Dana se resiste al amor todos los días, pero al final la conquisto. Desde siempre tuve claro que quería tener una familia. Creo que las parejas y las relaciones interpersonales obedecen y tienen éxito en la medida en que logran encontrarse en el mismo *mood*, en el mismo *timing*, en la misma frecuencia. Dana y yo nos encontramos en ese punto, estábamos en la misma frecuencia y eso nos unió muchísimo. Ambos queríamos una familia, la habíamos imaginado. Nuestro mundo ideal se ve de una forma a la que en el día a día vamos acercándonos. A veces nos desviamos y corregimos el camino.

Hicimos muy buena mancuerna para armar proyectos juntos; la conocí en una agencia, como mánager de actrices y actores. Empezamos a hacer equipo de forma muy natural. En los proyectos yo me encargaba de la parte creativa y de ejecución y ella se encargaba de la negociación y de lo administrativo, era una buena combinación. Esos dos pilares han sido los fundamentales para que podamos hacer lo que hacemos el día hoy. Gran parte de mi éxito hoy es obviamente gracias a mi esposa. Creo que hemos hecho muy buen balance en ese estira y afloja. Si alguno se cansa el otro lo jala y viceversa. Lo que más admiro de ella es que es una mujer muy amorosa, siempre queriendo hacer las cosas mejor.

MC: *¿Cómo ves a México en este momento?*

AM: En general veo una sociedad muy sensible. Una sociedad que es como un perro pateado: si te acercas verá todo lo malo, va a malinterpretar y va a lanzar una mordida en el instante en que te acerques, no importa la intención que tengas. Es una sociedad golpeada por diferentes circunstancias donde se han utilizado las redes sociales como espacio de catarsis. Un poco la analogía del escorpión con máscara, la máscara le permite atacar. Eso es lo que veo en mi país, sin embargo, también hay buenos destellos en la gente, también hay amor.

MC: *¿Qué crees que se necesita para alcanzar el éxito hoy?*

AM: Lo primero es la constancia. A lo largo de mi vida he conocido una gran cantidad de profesionales con los que he podido interactuar. Yo, a veces con un poco de ironía, le digo a la gente creativa: "En todas partes hay gente creativa y sumamente talentosa. Lo malo para ellos es que no suelen ser disciplinados o persistentes. Lo bueno para los que no tienen tanto talento es que con trabajo y disciplina puedes llegar al cielo, mientras los otros desperdician su talento y se convierten en mediocres o deciden que su vida está mejor así, tranquila, sin ningún problema".

Creo que en primer lugar está la constancia y en segundo lugar la creatividad. La creatividad la traduzco en que no se me cierre el mundo. Es decir, no sólo en crear e imaginar está lo original, sino también en saber lidiar con los problemas, saberle dar la vuelta a las cosas. Ahí radica una de mis claves para habitar este mucho o poco éxito que he logrado.

Autonomía e independencia

Creo que la autonomía está relacionada con la capacidad de hacer tu vida.Decidir hacia dónde ir, no elegir a partir de lo que opinan o dicen los demás. Es el momento de reconocer tu poder, no vales por las puertas que se cierran, sino por las puertas que tú creas.

Tú eres tu marca, en ti está la capacidad de construirte, de tomar las decisiones necesarias para dejar de depender. El discurso es más fácil que la realidad y la práctica, poco a poco ve ideando tu plan, hazte consciente de tu marca, de tu fuerza.

Grafoterapia para trabajar la autonomía

1. Escribe tu nombre.

Si el apellido paterno o materno tienen mayor tamaño es porque le concedes más importancia a los demás que a ti. Comienza a escribir más grande tu nombre que los apellidos.

Reinventarse: Jorge Ortiz de Pinedo

Personalidad *A y Z*

Reinventarse es obligatorio.

Análisis grafológico

Súper apasionado, muy concreto, acelerado, competitivo, si algo te interesa lo haces posible, mueves el mundo y lo adaptas. No aceptas un *no* como respuesta. Has trabajado por mucho tiempo en tu capacidad de adaptación, una adaptación que nace de la quiebra emocional, de levantarte y reinventarte, de desafiarte, de aprender a perdonar.

En la cama muy apasionado, coqueto y vanidoso, un seductor nato.

Si yo trabajara para ti y me estuviera enfrentando a una circunstancia laboral complicada, no me acercaría a ti haciéndome la víctima. Más bien primero te expondría el problema y estoy segura de que entenderías porque eres sensible, pero después te presentaría dos o tres soluciones.

Sabes perfectamente bien de lo que la gente es capaz. Crees en el trabajo en equipo, siempre y cuando seas el jefe. Te cuesta delegar, prefieres hacer las cosas tú o estar al pendiente en todo momento. Perfeccionista en extremo, alerta a todo lo que pasa y a todo lo que sucede. Cariñoso y cercano con la gente que más quieres. Te sabes fuerte, eso hace que tengas un gran sentido de protección hacia los que te rodean.

En la escritura de tu nombre es evidente que sabes que has labrado tu propio camino y, aunque dulces sean los frutos de la adversidad, te sientes dueño de tus resultados, algo que es vital.

JOP: Me parece muy acertado lo que estás diciendo. Soy muy independiente, pero necesito la compañía. Soy jefe, pero necesito que todo mundo esté con las pilas puestas al momento de trabajar. No acepto un *no* como respuesta hasta que sea verdaderamente imposible lograr algo porque me gusta intentar las cosas.

A lo largo de mi vida he tenido bajos y altos, pero he arrancado de nuevo siempre. La vida no para, tenemos que continuar, tenemos que seguir. Y, efectivamente, sí me gusta estar al pendiente de todo, soy perfeccionista, aspiro a hacer las cosas lo mejor que puedo.

Amo muchísimo a mi gente, a mi familia, respeto mucho a la gente que trabaja conmigo, no tolero a la gente floja, que no tiene el sentido de compañerismo. Si algo sale bien, lo logramos entre todos. Desde luego que hay un jefe, pero el jefe es sólo la parte de arriba.

Creo que ser productor de televisión o de teatro puede ser muy similar a dirigir una empresa, la característica principal que debe tener un líder es ser un organizador, alguien que busca los elementos necesarios para lograr algo. Yo como productor de teatro necesito conseguir una buena obra de teatro, un buen teatro, un buen director, un buen escenógrafo, un buen iluminador, un buen adaptador, buenos actores, buenos vestuaristas, etcétera. Y después coordinar todo con el publicista y con gente que maneja la redes. Hacer equipo para lograr el éxito. El éxito se logra haciendo que las cosas sucedan.

MC: *Quisiera comenzar preguntándote por tus inicios, ¿con cuántos actores de tu generación comenzaste?*

JOP: Muchos. Mis orígenes son teatrales, mi familia es de teatro. Desde niño de lo único que escuchaba hablar era sobre teatro, cine, televisión y radio. Tengo setenta y dos años, cuando yo empezaba, la televisión y la radio estaban en su apogeo, el cine también era fantástico. El teatro de revista era súper importante y la comedia y el drama empezaban a funcionar.

Poco a poco me fui adentrando a ese mundo. Primero intenté seguir estudiando, estudiaba Derecho en aquel momento, y traté de concluir esa carrera universitaria, pero no lo logré porque ya tenía mucho trabajo como actor.

Pero, retomando la pregunta sobre mis inicios, mis compañeros eran en su mayoría hijos de actores. Me reunía con ellos para trabajar y me siento muy orgulloso de haber ido a clases con algunos como oyente. Entraba a las clases de teatro en Bellas Artes, en aquella época mis compañeros de teatro fueron José Alonso, Octavio Galindo, Luis Torner y muchos otros que consiguieron hacer grandes carreras.

Esta carrera tiene algo muy especial, tú te haces amigo de alguien en una obra de teatro y convives tanto tiempo con esa persona que llegas a quererlo, a intimar. Aunque la vida los lleve por caminos distintos y se separen por años, sabes que cuando lo vuelvas a ver será como si no hubiera pasado el tiempo, como si fuera tu hermano. Lo admiras y has seguido su carrera.

Esta es una carrera de admiración, de oferta y demanda. Destaca el que tiene valor para los empresarios, panel público y el que es arriesgado, el que tiene ganas de crear. Yo dije: "No me voy a quedar nunca en mi casa esperando que alguien me contrate, si no tengo trabajo me lo voy a inventar". Eso lo decidí a los veinte años y así formé mi primera compañía de teatro.

MC: *Entonces, ¿cómo llegas a convertirte en un líder?*

JOP: Yo empecé a hacer teatro con mis padres, en un momento me di cuenta de que si me quedaba al lado de ellos, primero, me iban a mimetizar con mi padre. Era una admiración tan grande la que sentía por él que lo más seguro es que empezara a imitar lo que tanto quería y admiraba en él. Por lo que decidí separarme y buscar un estilo propio, mi camino, pero siempre con el apoyo de mis padres. Agradezco a Dios la familia en que nací y la crianza que recibí. Mis abuelos y mis tatarabuelos también eran del mundo del teatro. En mi familia había pintores, escultores, escritores, y es algo que traes, aunque no te das cuenta. Desde niño supe que quería ser actor, me la pasaba estudiando en la Lagunilla; en la esquina de mi casa estaba Garibaldi. La Lagunilla era la vecindad de mis abuelos y ahí crecí porque mis padres, después de casarse en México, se fueron de gira por Centro y Sudamérica. En Colombia los atrapó una revolución y allí nací.

MC: *Cuéntame un poco más de esa etapa, ¿naciste en Colombia?*

JOP: Sí, el 26 de marzo de 1948, el bogotazo estalló una semana después. Mis padres se quedaron sin nada, salieron como pudieron de Colombia, no lograron ni registrarme, no había embajada mexicana ni cubana, porque mi padre era cubano, tampoco había gobierno en Colombia. Por lo que me registraron hasta que llegamos a México. Cruzaron los Andes, pasaron a Venezuela, llegaron a La Guaira y tomaron un barco de carga que tardó tres meses en llegar a Veracruz. Llegaron sin nada, con un niño en brazos y otro en el vientre de mi madre. Nací en medio de una guerra, tengo una historia que contar. Una historia que dice que la vida es difícil, pero por más obstáculos que existan, se puede superar si le pones empeño, si piensas, si comprendes las cosas.

MC: *Veo en tu letra a una persona muy intensa, que lucha y consigue lo que quiere, nadie te ha regalado nada, ni vienes de una familia rica.*

JOP: No, mis papás llegaron a México con la idea de querer ser alguien. Fue muy difícil su carrera, mi madre entró a trabajar a los teatros de revista. Empezó siendo ayudante de actriz en los sketch de los grandes cómicos nacionales, de Resortes, de TinTan, de Clavillazo. Mientras mi padre buscaba trabajo como actor en los estudios de San Ángel Inn y en Estudios Churubusco, en los teatros de comedia y drama y en el telesistema mexicano. Hacía de todo: radio, llegó a trabajar en Bellas Artes, en el Tívoli, hacía sketch, hacía clásicos, hacía todo por sobrevivir. De él aprendí que con tenacidad, honestidad y con unas ganas inmensas es posible convertirse en una figura reconocida en este país. Se ganó el cariño de la gente, era una primerísima figura de teatro y participó en más de ciento veinticinco películas. Era un hombre admirable, querido por sus compañeros y por los críticos. Esa es la herencia más grande que me dejó.

De mi madre aprendí su bonhomía, su inteligencia. Eran tan divertidos juntos, tan graciosos. Por eso ahora para mí la sobremesa es lo más valioso en esta pandemia. En lugar de estar pensando en lo mal que nos está yendo estoy tratando de pensar en lo bien que nos puede ir sí decidimos estudiar, pensar, organizarnos y salir de aquí con las ganas de crear cosas nuevas. Yo tengo que salir de esta casa en la que llevo cinco semanas más conectado con mi mujer y con mi hijo. Voy a salir contento, feliz, pensando en qué voy a hacer después de esto porque el teatro se va a tardar muchísimo en abrir, es lo último que abrirá.

MC: *Retomando el tema de las adversidades, cuéntanos alguna situación en la que no hayas tenido más opción que reinventarte o morir.*

JOP: Hay dos momentos puntuales en mi vida, el primero es el asesinato de mi madre y de mi hermana. Fue algo verdaderamente difícil y con lo que vivo a diario, fueron secuestradas y luego asesinadas. Es algo que no se supera nunca, pero uno aprende a convivir con ese dolor. Despierto todos los días sintiéndolas cerca. De hecho, mi mujer ha preparado una salita fuera de mi cuarto en donde están las fotos de mis abuelos, de mis padres y de mi hermana. Todos los días los saludo, están conmigo, siento como yo soy parte de ellos y ellos son parte de mi historia. Entonces después de ese pequeño ritual salgo a trabajar con todo el ánimo del mundo. Superar eso fue tremendo.

Y la segunda situación de reinvención es enfrentar, dos veces, el cáncer en los pulmones.

MC: *¿Nos podrías contar qué les pasó a tu mamá y a tu hermana?*

JOP: Sufrieron un secuestro de avión. Una aerolínea egipcia fue secuestrada por un grupo de maleantes o terroristas, Abu Nidal. No hubo manera de arreglarse con los terroristas y terminaron incendiando el avión y matando a la gente. De los noventa pasajeros murieron ochenta y siete, entre ellos mi madre y mi hermana. Fue algo horrible, sucedió en Europa, en la Isla de Malta, en 1985. Justo después del terremoto, mi madre y mi hermana viajaron a Arabia, iban a Egipto a visitar a unos amigos de mi hermana. Es una experiencia que he contado ya otras ocasiones, aguantándome el llanto, la angustia, el dolor. Es muy duro de recordar.

MC: *¿Cómo te repones, cómo vives después de una experiencia así?*

JOP: Nadie se repone de eso. Hay mucha gente que no se da cuenta, que no entiende lo que está pasando en nuestro país. Hay una enorme cantidad de secuestrados y de asesinados. Si pudieran entrar al alma y al espíritu de las familias de quienes han sido privados de su libertad y de los que han sido secuestrados, yo creo que el mundo sería diferente porque se darían cuentan del dolor y el sufrimiento que generan estas circunstancias, entonces entenderíamos que eso no puede volver a pasar, que no lo podemos permitir. Desgraciadamente el país está inmerso en el caos de la delincuencia, está secuestrado por la violencia y la gente no comprende el dolor que significa esto.

Es una experiencia tremenda que, aunque no les sucede a todos los seres humanos, si a un buen número. Algunos viven un divorcio, un robo, pero cuando se trata de perder a tu familia, cuando los secuestran y luego cuando te enteras de que han sido victimizados, es algo que rompe el alma. Es muy difícil después rehacer el corazón. Yo lo logré únicamente porque tenía hijos y porque tenía que seguir viviendo. Si no hubiera sido por eso a lo mejor me hubiera quedado en un lugar muy oscuro, pero no puedes, tienes que seguir caminando por tus hijos, por tus nietos.

Además, por mi gente, por mi público. Seguí caminando y seguí creando. Cada vez que alguien se acuerda de mi padre o de mi madre siento un enorme orgullo de ser su hijo. Cuando alguien recuerda lo que le pasó a mi hermana y a mi madre me lleno de felicidad. Sé que muchos sufrieron el dolor de mi pérdida y, aunque no de la misma manera que yo lo viví, el tener compañía en el dolor sirve para seguir caminando, te impulsa.

MC: *No conocía esta historia, pero ahora que la sé me pregunto, un hombre con este duelo, ¿cómo se enfrenta entonces a la adversidad del cáncer?*

JOP: El cáncer llegó hace nueve años. Todo comenzó cuando estaba produciendo una obra de teatro, para irme al estreno me puse una camisa y mi mujer se percató de que me queda muy floja, grande. Me fui a cambiar y me di cuenta de que todas me quedaban igual de grandes, había adelgazado sin darme cuenta. Y cuando uno adelgaza queriendo, qué bien, pero cuando se adelgaza sin la intención de hacerlo es tremendo. Igual me fui al estreno, y ahí fue la primera vez en mi vida que algunos amigos, y entre ellos un doctor, me dijeron que me veían raro, con un color extraño, muy delgado. El doctor me dijo que fuera a hacerme un chequeo, lo que me pasaba no era normal. Mi mujer hizo enseguida una cita para el día siguiente y allí fue que supe que tenía un tumor en el pulmón, de seis centímetros, cerca del corazón. Lo primero que pensé fue: por qué a mí. Mi primera respuesta fue: por ser un fumador, en aquel momento dejé de hacerlo y busqué curarme.

Primero había que intentar con radioterapia para después ver la posibilidad operar. Pedí hacer lo necesario para quitar el cáncer. En aquel momento el hospital estaba lleno, no había camas y antes debían hacerme una biopsia y otras revisiones. Mi mujer y yo nos quedamos un día entero hasta que quedó una cama disponible. Al entrar al hospital me hicieron las pruebas necesarias y vi a varios doctores: neumólogo, oncólogo y cardiólogo, todos fantásticos. Ellos me dijeron que la mejor manera para curarme era quitar de una vez todo el tumor. Y yo enseguida supe que eso era lo que había que hacer.

Fue necesario hacer un pedido a la universidad de un PET, porque no había en el hospital en ese momento. El PET es un líquido que funciona como escáner, al introducirse en todo el cuerpo tiñe de luminoso todo lo que sea cáncer, parece ciencia ficción. Fue con todas esas pruebas que también supe que era diabético.

Después de ver el cáncer en el escáner corroboraron con los patólogos y me operaron en una semana. Tuvieron que quitar la parte superior del pulmón izquierdo. Todos los seres humanos tenemos cinco lóbulos y yo me quedé con cuatro.

Hace tres años pasé por dos neumonías muy fuertes, entonces me vuelven a operar porque encuentran otro cáncer y me quitan otro lóbulo, así que ahora sólo tengo tres. Por haber sido fumador desarrollé una enfermedad que se llama enfermedad pulmonar obstructiva crónica. Esto es gravísimo, no tiene cura, es degenerativo porque acaba con el pulmón poco a poco. Se que algún día mis pulmones no van a funcionar. Por mi edad estoy en una fase de alto riesgo.

Todo esto, como podrás comprender, me provoca una angustia muy grande, sobre todo con la circunstancia de salud actual, por eso no salgo de mi casa. Pero, en medio de todo soy muy feliz porque estoy con mi familia, reconociéndolos. Platicamos, nos comunicamos, escribo, leo, estoy en contacto con personas con las que hacía tiempo no me comunicaba. Gracias a los chats tengo la oportunidad de preguntar cómo estás, cómo te sientes.

Además de eso soy vicepresidente de la directiva de la Casa de la Colina Federico que se dedica a cuidar a los ancianos de la Casa del Actor. Formo parte del Consejo Consultivo del Teatro, cada mes estamos todos enfocados en ver cómo regresamos a los teatros. Estoy preocupado tanto por mis compañeros como por los trabajadores del teatro.

MC: *Siendo un hombre que piensa a largo plazo, ¿cuál es tu diagnóstico económico de la situación actual?*

JOP: A largo plazo esto va a ser gravísimo. Yo soy un empresario independiente, la gente me conoce como actor, pero soy escritor y productor, soy una empresa. Los empresarios ponen el dinero para empezar un negocio y generan fuentes de trabajo. Si esto se alarga, como aparentemente va a suceder, ¿cuánto tiempo puede un empresario aguantar pagándole los sueldos a sus empleados? La mayoría están buscando negociar para ajustarse con los sindicatos. Y aunque trabajen con *freelancers*, en algunos casos ya no se puede pagar lo que se pagaba antes. ¿Cuánto tiempo podrá vivir así la gente, pagando la renta y los impuestos? En el caso del teatro, por lo que hemos hablado con las autoridades, tendremos que esperar más para regresar. Creo que es hasta finales de junio de 2021 que se comienzan a abrir nuevamente en el país las escuelas y los negocios, para que no se apague tanto la economía. Pero, sin duda, lo último que se va a abrir son los centros de espectáculos, los lugares cerrados, donde es muy difícil que la gente quiera ir.

Después que se empiece a reestablecer todo hay otra cosa en la que no hemos pensado: la influenza, esa otra pandemia que sigue vigente. Eso también va a provocar que mucha gente no salga. El entretenimiento va a quedar muy limitado a las redes sociales y a la televisión.

Esperamos que la gente entienda que la cultura es parte del entretenimiento y de la salud mental. Es mucho lo que está haciendo el sector de la cultura, hoy puedes entrar virtualmente a muchos museos, escuchar buena música y leer buenos libros con facilidad de acceso. Creo que sin cultura va a ser muy difícil sobrevivir como seres humanos.

Para apoyar mi esposa y yo pedimos comida a los restaurantes de la zona, no se trata sólo de quedarnos en casa y que no nos importen los demás porque todos estamos en un mismo barco. Tenemos que procurar salir todos adelante, quizá esta pandemia nos dé la oportunidad de reactivar nuestra mente, de volver a ser humanos.

No se trata de que unos pocos ganen, se trata de que todos salgamos adelante. En medio de la pobreza y de una miseria espantosa, donde la riqueza se concentra en el 1% de la población, donde las fronteras se cierran, a lo que podemos aspirar es a que todos los humanos algún día tengan una casa donde vivir, una escuela donde estudiar, tengan desde luego amor, paz y salud.

Hemos visto que la salud es primordial y que se habían descuidado totalmente los sistemas de salud del mundo. Y esto ha pasado no sólo en México, en donde doctores y enfermeras están destrozados y desanimados por la falta de apoyo. Sucede en Estados Unidos, España, Italia, Alemania, Rusia. En todos lados se están dando cuenta de que se descuidó el sistema de salud y que es primordial invertir en él. Por lo que hay que cuidar la salud, la vivienda, la educación, el arte.

MC: *¿En qué momento Jorge Ortiz de Pinedo decide no vivir de algo más que no sea la actuación?, ¿cuándo decides ser empresario?*

JOP: Decidí no esperarme a ver si alguien me contrataba. Cuando era niño me di cuenta de que mis padres tenían muchos amigos actores talentosos. Actrices y cantantes buenísimos, pero que no triunfaban. Ciertamente la suerte tiene mucho que ver en esta carrera, hay que estar en el momento y el lugar exacto. Me preguntaba por qué esos grandes actores no tenían fama, éxito, fortuna. Y era porque se quedaban esperando a que los llamaran. Y sucede que a veces los productores están buscando a su elenco, pero se olvidan de buenos actores. Entonces decidí que yo no iba a quedarme esperando en mi casa a ver si alguien me llamaba, yo iba a crear lo mío, chiquito, lo que yo pudiera hacer.

Te voy a contar una anécdota. En una ocasión me llaman del Teatro de la República los señores Alfredo Varela y Salvador Varela, era para una obra en un teatro pequeño, de 400 butacas, yo iba a ser el protagonista. Al mismo tiempo me llaman el señor Rafael Banquells y el señor Marcial Dávila para ir a trabajar al Teatro Insurgentes, el más importante en ese momento en México, con la señora Amparo Rivelles, yo haría un papel pequeñito.

Tenía que decidir a cuál de los dos entrar. Mi padre me dijo: "Tienes que decidir en la vida qué quieres ser, cabeza de ratón o cola de león. Acuérdate que a veces el león se puede voltear y perseguir su propia cola, pero también, cuando eres parte del león ganas si el león se come al ratón. Si eres cabeza de ratón puedes crecer y un día ser más grande que el león". En ese momento decidí ir a trabajar al Teatro Insurgentes, en el papel pequeñito. Lo iban a ver 1000 personas diarias en cada función y hacíamos dos funciones, eran 2000 personas que me iban a ver, aunque fuera un papel pequeñito.

Un día me llamaron unos empresarios y entonces comencé mi teatro. Empecé a llenar 400 butacas, luego 600, 1000 y 1500. Así es la carrera del actor, uno tiene que decidir en el momento exacto. Lo que uno no puede hacer es arrepentirse, nunca me arrepiento de nada de lo que he hecho. A veces sí reconozco que si hubiera tomado otro camino quizás me habría ido mejor. Pero como ya elegí, lo mejor es ser feliz con lo que he logrado. Soy un actor discreto, que cuenta con cierta fama, un teatro, admiradores, programas, escribo y hago lo que quiero. Tengo además lo más valioso del mundo, ¿sabes qué es? Mi familia. Tengo a mucha gente que me quiere.

MC: *Cambiando un poco el rumbo de la conversación, tu letra gruesa revela a un gran seductor. Seductor no sólo de mujeres sino también de audiencias, ¿cómo lo haces?*

JOP: Quien hoy es actor o cantante tiene que saber seducir audiencias porque la competencia es grandísima. Todo el día hay competencia, uno está trabajando en teatro y resulta que hay otros treinta o cuarenta teatros más. ¿Cómo vas a hacer para que las personas que quieren ir al teatro esa noche decidan ir al tuyo? Pues con buen trabajo, con honestidad, con entrega, con pasión, con buenos títulos, buenas campañas de prensa y publicidad, con una vida honesta, porque al final de cuentas, si no tienes una vida honesta te van a rechazar.

MC: *Y ahora pasando al plano del amor, ¿cómo seduces a una mujer?, ¿fuiste noviero?, ¿cuántas veces te has casado?*

JOP: Sí fui noviero, creo que el ser humano nació para estar en pareja. Yo me casé tres veces, pero fueron cuatro o cinco relaciones fuertes en las que casi hubo matrimonios. Novias nunca las conté, quizás cuarenta o cincuenta, no me he puesto a pensar. Eso de que los caballeros no tienen memoria me parece auténtico. Cuando me preguntan si hablaría sobre mis relaciones pasadas siempre respondo que no, porque hay personas que estuvieron vinculadas a mí hace treinta o cuarenta años y ya se casaron, son abuelas incluso, ¡cómo voy a contar una situación íntima que las involucra! Se debe ser respetuoso. Lo que sí voy a escribir un día son mis memorias, lo que pienso, lo que recuerdo, lo que inventé de mi vida.

Entonces sí, tres matrimonios, cinco hijos, siete nietos y muchas amistades. Soy un hombre que ha tenido mucha suerte en el amor, incluso en el amor en la ficción. Algo curioso es que en mi carrera trabajé con mujeres muy hermosas, hice mucho el personaje del galán cómico, un individuo normal, ni muy guapo ni muy feo, que le logra ganar la batalla al poderoso y quedarse con la muchacha linda de la película.

En una relación de pareja para mí es esencial la risa, la risa es el alimento del espíritu. Mi madre y mi padre eran bien divertidos, mi hermano era un hombre divertidísimo, mi hermana tenía un humor fantástico, mi mujer ríe muchísimo, eso me encanta, mis hijos son graciosos y mis amigos son muy divertidos. Tengo muchos premios como actor dramático, pero me encanta la risa.

Y bueno, si bien las relaciones de pareja son fundamentales creo que la amistad es una de las cosas más maravillosas de la vida. La mayoría de las personas con las que he mantenido una relación de trabajo, de amistad o de amor se siguen llevando muy bien conmigo. En esta vida hay que tratar de hacer buenos amigos. Aparte de tener una carrera, una familia, de ser un hombre honesto y de querer a tu patria, es importante tener buenos amigos, los amigos son fundamentales para la vida, sin ellos no se puede vivir.

MC: *¿Cómo conquistaste a tu actual esposa?*

JOP: Fue trabajando juntos. Me avisaron que había un proyecto de teatro y querían que yo conociera a la persona que lo organizaba y ver si la podía apoyar. Nos reunimos para conocernos en un restaurante o un café, no recuerdo bien, y platicamos de su proyecto.

En aquel momento yo estaba terminando una relación. Sabía que antes de empezar una nueva relación debía concluir la anterior. Y no sólo es así en las relaciones, en todos los aspectos de la vida siempre es importante cerrar un ciclo para empezar algo nuevo. Por eso en aquel momento primero tomé la decisión definitiva de terminar con aquella relación antes de pensar en abrirme a una nueva oportunidad, por lo que tampoco entré en su proyecto.

Después las circunstancias volvieron a juntarnos para hacer la misma obra de teatro y esta vez decidí producirla. Nos juntamos con otro productor y ella fue la directora y creadora del espectáculo. Empezamos a trabajar juntos unos meses, creamos el espectáculo y se estrenó, fue un éxito. Nos fue muy bien, yo estaba totalmente relajado, mi vida podía tomar un nuevo rumbo porque ya no estaban los fantasmas del pasado.

Alguna vez empecé una relación demasiado rápido y sigue el fantasma de la relación pasada ahí, aunque duermas con otra persona. Por lo que con esta relación yo estaba muy relajado, me di cuenta de que esa mujer era muy inteligente, simpática, divertida, amable, me gustaba mucho físicamente, tenía un cuerpo espectacular y me llamó mucho la atención. Entonces la invité a cenar. La conocía del trabajo, pero es hasta que puedes conversar en privado que no conoces realmente a las personas. En los otros círculos sociales siempre suele haber distracciones.

MC: *¿Cómo fue que aceptó ser tu pareja?*

JOP: Nunca le pedí que fuera mi novia, cortejé con todo y ella no me rechazó. Para que haya una pareja tiene que haber dos seres humanos que quieran y que se quieran. En mis relaciones anteriores, que fueron como matrimonios, donde yo conviví con esas personas e hicimos una familia, al final me daba cuenta de que después de vivir juntos crees que conoces a alguien, pero hasta que te divorcias es que te das cuenta de quién era realmente.

MC: *Lo primero que pienso cuando me dicen Jorge Ortiz de Pinedo es en Cándido Pérez. Mi mamá, mi papá, mi abuelita y yo nos poníamos todos los días a las siete u ocho de la noche a ver Cándido Pérez. A ti, ¿qué personajes de los que has interpretado te han gustado y qué personajes te llevaron a la fama?*

JOP: Indiscutiblemente Cándido es uno de los personajes que le dio un cambio gigante a mi vida. Yo había hecho ya mucha comedia en televisión, como *La criada bien criada*, estuve en ese programa desde que empezó, hacía de cartero. De ahí me fui a hacer *El rabo verde*, con Emilio Grillas, Alexander, Pachuli y Carlota Solares, un reparto fantástico. Después estuve haciendo comedia con Chabelo, trabajaba con Javier López, éramos amigos desde hace muchos años y hacíamos lo que se debe y lo que no se debe. Después seguí haciendo comedia y también hice muchas telenovelas. También hice una serie de comedia muy divertida, se llamaba como una película muy famosa, *Mecánica Nacional*. Luego Televisa convenció a Luis Alcoriza para que lo hiciera en televisión y él me escogió a mí para ser su protagonista. Entonces hice la continuación de la película *Mecánica Nacional,* pero en televisión. Después me asocié con Luis de Llano y seguí haciendocomedia. Hasta que llegó a mi vida una historia muy buena que escribió Alfredo Fox, un escritor argentino radicado en México, se llamaba *Dos mujeres en mi casa*. Fue un éxito glamuroso, lo hicimos con público, era la primera vez que hacíamos televisión con público en la sala. Luego hice *Qué lío* y nos fue también muy bien, era la misma historia nada más que lo hacíamos un poquito diferente.

Cuando murió mi compadre, José Gálvez, me pidieron que hiciera su personaje. Yo no tenía ni idea de que era como una telenovela, la leí, hablé con el señor Víctor O´Farril y dije que con mucho gusto ayudaba. Yo lo quería mucho, me dio muchas oportunidades e hice mucha televisión con él. También dije que aquello era una comedia, que si lo hacían como telenovela sería un fracaso. Aceptaron hacerlo como comedia y llamé a pura gente de comedia, Lupita Vázquez, Marta Ofelia Galindo, Gonzalo Correa, Alejandra Meyer, María Luisa Alcalá y a Nuria Bages.

Fue entonces cuando hicimos Cándido Pérez y se convirtió en uno de los programas más vistos en la historia de la televisión mexicana y latinoamericana. Por ahí he escuchado, no sé si sea verdad, que después de los programas de Chespirito, el doctor Cándido Pérez es el programa que más se ha visto en América Latina.

MC: *Y, ¿siempre has traído bigote? Algunos estudios señalan que los hombres con bigote o barba son más atractivos.*

JOP: Lo llevo para no rasurarme. Me he quitado el bigote tres veces en mi vida: para hacer *La verdad sospechosa* de Juan Ruiz de Alarcón, con la Compañía Nacional de Teatro de Bellas Artes; para hacer *Hidalgo* con el maestro Miguel Sabido; y para dos películas que hice seguidas con el señor Carlos Amador, *Mentiras,* con Lupita D'Alessio, y otra que era algo parecido a la vida de José José. Yo hacía de Jorgito, un personaje homosexual. Fuera de eso he usado el bigote toda mi vida, quizás me lo quité en alguna obra de teatro o por alguna circunstancia, pero el bigote ha sido mi marca.

Ahora estoy haciendo una serie que se llama *La familia de diez*, el que hace de mi padre tiene 82 años, es decir, me lleva diez. Para hacer la serie me pongo el bigote más oscuro y me quito lo que puedo de canas para parecer más su hijo.

MC: *Tu letra rápida demuestra que tienes una gran capacidad de adaptación. En tu vida has visto la evolución de la televisión, la radio y también de las redes sociales. Con esa experiencia de haber vivido estos procesos de cambio, ¿qué futuro le ves a los medios de comunicación tal y como los conocemos hoy en día?*

JOP: Creo que la televisión abierta no va a desaparecer nunca porque en el mundo 80% de la población es pobre, es un hecho, aunque sea algo de lo que no queremos darnos cuenta. Algunos tienen la oportunidad de pagar Netflix o un *streaming*, Sky, Cablevisión, etcétera, pero mucha gente no. Algunos pueden ver la televisión abierta, no solo en México, en el mundo entero. Por lo que la televisión abierta va a seguir existiendo, independientemente de que se sigan haciendo programas especiales para la gente que pueda pagarlo.

El futuro de la tele abierta depende de que se piense cómo ir cambiando y evolucionando con los nuevos tiempos. Depende de la capacidad de adaptación e inventiva de los productores, escritores, actores y directores. Mira cómo ha cambiado el mundo de la música. Cuando comenzó esa transición yo hacía *Al ritmo de la noche*, un programa nocturno, de los más grandes. El cantante que llegaba ahí triunfaba, al día siguiente se vendían como pan caliente sus discos. En ese programa entregábamos disco de platino, de oro, de diamante, eran miles de discos vendidos. De momento entra el internet y se acabaron los discos, ahora la gente baja las canciones. El mundo del cantante ha cambiado y el cantante también. Ahora les interesa estar en estas nuevas plataformas para que el público pueda descargar sus canciones. El dinero viene de sus presentaciones personales y de lo que pague YouTube por las escuchas.

¿Cómo va a cambiar la vida para los actores? Eso es un gran misterio. Lo que creo que va a pasar es que vamos a empezar a hacer lo que yo hice al principio de mi vida como empresario, crear cooperativas, invitar a compañeros a colaborar, vamos a juntarnos a contar nuevas historias. Quizás no haya dinero para producir una serie de veinte capítulos, pero se puede trabajar desde el ingenio para hacerla posible, unir a directores de cámara, iluminadores, actores, escenógrafo, entre todos poner algo de dinero y si funciona se dividen las ganancias.

En el mundo del teatro es difícil llegar a ser empresario, se trata de un nicho regido por grandes industrias, que son las que van a soportar esta pandemia. Por lo que creo que la cooperativa es el futuro. Igual para el cine, el cine mexicano está funcionado últimamente porque piden dinero al gobierno para hacer cine de calidad, que en muchas ocasiones no es buen cine, pero sí logran que muchos actores y mucha gente del mundo creativo entre en cooperativa.

En ese sentido, creo que a veces se confunde el apoyo y no se agradece de manera eficiente. Se agradece que haya dinero para vivir, pero no se agradece el apoyo para crear. Si bien creo que los mecenas han existido y deben existir siempre, el apoyo a la creación tiene que estar acompañado de la calidad, de ese esfuerzo para agradar de verdad al gran público. De no ser así no tendríamos a las grandes sinfonías, óperas, los grandes cuadros, esculturas. Acepto que nuestro gobierno ayude a la creación, pero yo creo que debería de exigirse calidad en estas cosas. Hay que crear obras que la gente quiera ver.

MC: *Siempre me ha impactado tu trabajo, pero, sobre todo, tu capacidad de reinventarte y quería que estuvieras en este libro porque justo se trata de historias de reconstrucción. Hoy más que nunca estoy convencida de que existen tres tipos de crisis: de salud, económica y emocional. Esta pandemia mundial nos ha permitido darnos cuenta de cómo estamos viviendo y lidiando con esas crisis. Un amigo me decía que hay que salir de esto siendo otros, pero yo siento que no. Siento que tenemos que salir siendo los que realmente somos y sacando lo mejor de* *nosotros. Tú eres un hombre que conoce de reinvención, ¿cómo la concibes en estas circunstancias?*

JOP: Pues mira, yo pienso que hay algo indiscutible, el mundo era uno antes de la pandemia y otro después de la pandemia. ¿Por qué tiene que cambiar el planeta? Porque, en primer lugar, ya nos dimos cuenta, me imagino, que el planeta estaba harto de nosotros. De alguna manera nos dijo: "A ver, paren, vamos a rehacer este acuerdo de convivencia que tenemos entre planeta y humanos". Y mira, se está rehaciendo la capa de ozono, se están limpiando los mares, los ríos, la gente está en sus casas y están descubriendo cosas maravillosas de ellos mismos y de su gente cercana, que es lo que a mí me está pasando y espero que le esté pasando a la gran mayoría. Las parejas verdaderas se están afianzando, las familias auténticas se están conociendo.

Por la vorágine de la vida hemos corrido tanto, estamos todos tan preocupados por hacer dinero, por hacer fama, por salir a trabajar. En mi caso, antes, cuando llegábamos a comer todos a casa, lo hacíamos con mucha prisa porque después había muchos pendientes por hacer, ir a estudiar, al teatro, a la oficina. En cambio, ahora, como mi hijo no tiene que salir corriendo a su entrenamiento de futbol americano, ni mi mujer tiene que ir a su academia, ni yo tengo que ir al teatro, ni a Televisa, tenemos una sobremesa fantástica. Podemos platicar una hora, dos horas después de comer o cenar y eso nos permite conocernos. Porque es al compartir nuestros sueños, nuestros inventos, nuestras aventuras y nuestras historias que logramos conocer al otro.

Hoy en día contamos con muchos privilegios, el internet sin ir más lejos, estar en estas plataformas digitales o el ver a la gente que queremos y que está lejos a través de una pantalla. Muchos tienen el privilegio de saber leer y escribir, porque eso es un privilegio en este planeta, la oportunidad de cultivarse, de inventar.

Yo creo que este mundo va a ser diferente, no sólo porque tecnológicamente vamos a cambiar. Van a cambiar muchísimas técnicas, muchas maneras de vivir, de convivir, de hacer. Pero sobre todo van a cambiar los seres humanos. Por ejemplo, en esta reinvención de la televisión donde han salido programas sobre la vida en el planeta, nos damos cuenta de que los humanos nos hemos adelantado muchísimo. Nos hemos adelantado en proteger a las especies, en luchar por nuestro planeta, por nuestro trabajo, por nuestra vida, por nuestros países. No todo es globalización, no todo es industrialización o marcas lujosas. Nos hemos dado cuenta de que vale más saber quién eres, cuál es tu verdadera identidad, eso es lo esencial para mí de aquí en adelante. La vida va a cambiar y yo siento que va en esa dirección. Es nuestra misma vida, pero esta vez se trata de una vida en la que entendemos más quienes somos.

MC: *Jorge, a mí me parece que lo que dices es absolutamente cierto, pero lo veo sólo en un porcentaje de la población. Hay otro porcentaje en Twitter y en redes sociales que se dedican a insultar. ¿Por qué crees que algunos siguen comportándose así a pesar de todo lo que hemos vivido?*

JOP: Yo creo que este maravilloso invento del internet tiene muchos beneficios, pero también es el gran malestar del siglo XXI. Se puede pensar como lo que sucede en el teatro con la máscara de la comedia y la máscara de la tragedia, son dos puntos de vista diferentes, dos perspectivas, y tú elijes con qué máscaras prefieres vivir.

Yo he encontrado una manera fantástica de habitar en estas peleas de las redes sociales. Cada vez que alguien te conteste de mala manera o te mande un mensaje desagradable, pues simplemente lo borras y eliminas a la persona. Y sigues conectado y hablando con quien sí quieres hacerlo.

La comunicación es un privilegio de los seres humanos. El privilegio de con quién quiero hablar, con quién quiero estar, de qué quiero hablar, cómo quiero hablar. En las redes sociales la gente va encontrando sus grupos, es obvio que habrá grupos políticos o artísticos, y en ellos sus miembros tomarán partido ante alguna circunstancia, por lo que habrá diferencias de opinión. La gran ventaja de estos aparatos es que bloqueas y no necesitas enterarte de lo que no te interesa o con lo que no eres afín.

Desgraciadamente, todavía hay gente que utiliza los medios de comunicación para insultar y la tecnología no está tan avanzada como para evitarlo. Estoy seguro de que en algún momento los insultos y los anónimos no estarán permitidos.

Por último, recuerda lo que dijo Cervantes: "Deja que los perros ladren Sancho, es señal de que estamos pasando". La gente va a ladrar, va a protestar cuando alguien destaque. Si alguien tiene un punto de vista que no los favorece van a atacar y lastimar. Pero también hay gente inteligente, simpática y divertida dentro de las redes con las que vale la pena conectar. En mi caso tengo la experiencia de mucha gente linda que nos mandan cuentos, puntos de vista hermosos de la vida, que nos recomienda libros, música, y eso nos ayuda. Por este medio, también podemos estudiar y encontrar una enorme cantidad de libros e información.

Reinventarse

Jorge Ortiz de Pinedo es uno de los hombres más brillantes, educados y generosos que existen. Con él he confirmado que estos tiempos, entre rudos y mágicos, exigen reinventarnos. Y no lo digo como algo romántico, sino como una necesidad imperiosa. Como dice mi amiga Romina Marcos: "Que me sigan tirando para yo subir". El reinventarse requiere implementar cambios como estrategia de reinvención. De volverse una esponja y aprender algo nuevo constantemente.

Imagina que eres una esponja, o mejor,
una nube y estás en el centro, todo lo absorbes
y te sirve para crecer profesionalmente

Grafoterapia para comenzar a reinventarse

Reinventarse implica conocernos. Implica ser capaces de identificar nuestros sueños y, sobre todo, el tener el coraje de ir por ellos. Por lo que si quieres comenzar a reinventar tu vida te propongo estos dos ejercicios:

1. Escribe una lista de todos tus sueños:

1.

2.

3.

4.

5.

6.

2. Enumera algunos pasos para hacer esos sueños realidad. Por cada sueño puedes realizar una lista de pasos o estrategias para alcanzarlos.

1.

2.

3.

4.

5.

6.

Mecanismos de defensa: Mauricio Mancera

Personalidad Z y O

Tengo un corazón de pollo, pero una apariencia y una actitud que simulan lo contrario. Uso el sarcasmo y el humor como mecanismo de defensa. En la vida hay que tener un plan B y C y D y F...

Análisis grafológico

De carácter fuerte, estresado, dominante, además de ser divertido, intenso, fuerte y emocional. En la cama cachondo, muy caliente. Demasiado responsable, tienes la sensación de que debes de proteger a mucha gente. Muchas veces sacrificas al yo personal por el yo social, por el trabajo, por el deber ser, por la responsabilidad. Eres más cálido y sensible de lo que aparentas, más emocional de lo que te gustaría. Por fuera pareces rudo y que nada te duele, pero por dentro tienes un corazón de pollo. En el plano económico estás pensando siempre a futuro, a largo plazo. Mauricio termina lo que empieza y le es importantísimo cerrar por completo los ciclos. Sarcástico e irónico, a veces ese es tu mecanismo de defensa. Crees en el trabajo en equipo y para ti es muy importante admirar a las personas con las que trabajas.

MC: *¿Cómo era Mauricio Mancera de niño?*

MM: Era como el payaso del salón. Tuve un accidente que definitivamente marcó mi vida, quizás mucho más de lo que yo puedo asimilar. A los ocho años me dieron un raquetazo y perdí la vista de un ojo por un poco más de un año. Más allá de perder la visión, aquel evento me marcó socialmente en muchos aspectos. Tuve que faltar unos tres meses a la escuela, luego regresé, pero no podía comportarme como los demás, no podía hacer ningún tipo de esfuerzo físico, ni cargar mi mochila.

MC: *¿Aquella situación te hizo dudar de ti, te deprimió?*

MM: Mi familia es sumamente religiosa y mi mamá siempre me decía: "Dios te eligió para que te pasara esto porque a sus guerreros más fuertes les manda las batallas más grandes". Ante lo que yo pensaba que no había pedido esas pruebas y que no me interesaba demostrarle a nadie que yo podía ganar sus batallas. ¡Que no me vinieran con esos cuentos! Me tocó esto porque me tenía que pasar, por lo que desde niño tuve claro que aquello había sido un accidente.

MC: *¿Cómo descubres que tu vocación es la comunicación?*

MM: Yo quería dar noticias y entré a la televisión haciendo noticias en Azteca Noticias. Me consta que es algo que me apasiona y yo soy súper guerrillero, me gustan los movimientos sociales e involucrarme en ellos, me apasiona ser parte. Por lo que siempre estuve involucrado en eventos que lograran impacto, en liderar, fui el líder de mi generación en la universidad unos cuatro años. Incluso quise ser abogado.

MC: *¿Cuál consideras que fue el momento en el que hiciste el cambio de carrera?*

MM: Lo busqué, trabajaba en Tony Papelerías, era el asistente del director general. En una ocasión vi un anuncio de Azteca de que iban a realizar una audición nacional en Veracruz. Pasé varios filtros y quedé en el *casting* final. Fueron 14 000 personas de las que al final quedamos treinta y después once. En las evaluaciones que nos hicieron sólo yo saqué seis, por mi físico y por no ser el estereotipo de hombre que buscaban.

Regresé a la local de Veracruz, no me aceptaron y me metí a OCC. Me salió una vacante en *A quien corresponda* y ahí volví a entrar a Azteca, pero a través de otro filtro. Al ser el nuevo les preocupaba mucho la aceptación del público. Creo que no hay nada que te acerque más al público que salir a la calle y compartir, abrazarlos. Y eso hacía, abrazaba a cualquier persona que me saludara. Creo que eso funcionó mucho.

MC: *¿Qué sucede cuando decides salir de* Venga la alegría? *Me imagino que fue toda una aventura, seguro muchos te dijeron que no lo hicieras.*

MM: Nuestra exjefa en *Hoy* me invitó a comer y ahí me dijo que era la peor estupidez que iba a hacer en mi vida, que me iba a arrepentir. Otros me decían que seguro fue una decisión que me costó muchísimo tomar. Pero todo lo contrario, creo que ha sido de las decisiones más fáciles en mi vida. Había cumplido veinticinco años y me estaba yendo muy bien. Estaba en dos programas al aire y en la radio. Entonces pensé, si no me voy, lo más probable es que empiece a engancharme en la chamba, que empiece a ganar más y me quede aquí cómodamente sin moverme. Además, si no hago ahora una familia quizás ya nunca la haga. Por lo que fue una decisión que nunca dudé.

MC: *¿Qué tal fue con* El Hormiguero*?*

MM: Iba a cumplir treinta años y pensé, llevo ocho años en *Venga la alegría*, tengo que moverme. El día que iba a renunciar recibí una llamada de que me querían ver al día siguiente en presidencia. Allí me presentan a los productores de *El Hormiguero* español, ellos estaban entrevistando a nueve posibles candidatos. Enseguida pensé que el nivel de estrés era muy alto, en ocasiones había que estudiar cincuenta hojas, más las juntas. Ahora, viéndolo en retrospectiva, creo que fue un error, tuve exceso de información que no era útil. Me llamaron y me dijeron que estaba muy flaco, que me veía mal a cuadro, creo que era por tanto estrés. Aun así, fue padrísimo, lo disfruté mucho.

Televisa fue una transición muy fácil, enseguida me adapté. Con el público fue un poco diferente, al inicio no entraba a redes sociales porque todos los mensajes que recibían eran de: "Judas", "traidor", "vendido". Y eso a pesar de que hacía cuatro años que había dejado *Venga la alegría*. Me sorprendieron mucho esos mensajes, por eso dejé de revisar las redes, entraba sólo una vez por semana. Me enojaba que aquella situación me molestara. Esa gente no pagaba mis cuentas, no tendría por qué darles importancia a sus comentarios. Los que se podrían haber enojado no lo hicieron, más bien me apoyaron.

En la televisión uno se acostumbra a este tipo de mensajes de odio, pero yo nunca los había experimentado. Hacía cosas como ir al súper a las 10:00 pm para no encontrarme con nadie. En una ocasión que fui a comprar un coche el vendedor me dijo que creía que lo había echado a perder todo al cambiarme. Recibí incluso varias amenazas de muerte. Eran cosas muy fuertes que llevan a un estado energético que te afecta. Y yo seguía pensando que aquel cambio no era para generar tanto odio.

Después llegó *Miembros al aire*, uno de los proyectos que más he disfrutado. Voy a decir algo que nadie nunca debería decir, pero lo haría gratis, lo disfruto muchísimo. Trabajar con amigos es lo máximo, sentirte valorado, el tener el reconocimiento, abordar los temas que te interesan y no subestimar al público porque el público no es el mismo de hace setenta años.

MC: *¿Cómo ves el futuro de la televisión abierta?*

MM: Creo que nunca va a desaparecer por una cuestión de ventas. Los *morning shows* son de los programas que más venden de la televisión, es como un escaparate en donde el departamento de ventas coloca sus productos. No va a desaparecer, pero sí creo que habrá una revolución básica, se parecerán más a lo que sucede en Estados Unidos que, aunque son entretenidos, muchos programas tienen un enfoque de noticiero.

MC: *¿Qué me dices del amor? Enamorado eres apasionado, entregado, romántico, intenso, generoso, pero también parece que tienes cierta aversión a abrirte y ser vulnerable.*

MM: Hay dos mujeres por las que sufrí mucho, en una ocasión hasta pensé que era asmático, me despertaba en la noche sin poder respirar. A veces inconscientemente vas poniendo bloqueos y vas construyendo tus murallas y tu caparazón. Pero en mi relación pasada me volví a abrir como hace mucho no lo hacía, creo que es la vez que más me he entregado. Obviamente cuando terminamos me dolió, pero fue un dolor que viví diferente porque ahora estaba enfocado en todo lo bueno que sucedió.

MC: *¿Qué buscas en una relación de pareja?*

MM: Complicidad, admiración mutua, que nos miremos y podamos sentir orgullo por el otro.

MC: *¿Cómo te gustan físicamente las mujeres?*

MM: Con un cabello bonito y un olor agradable, para mí eso es afrodisíaco. Me gustan delgadas. Que te hagan sentir protector porque es una decisión que sólo ellas pueden tomar. Que defiendan sus puntos de vista.

MC: *¿Te imaginas creando contenidos?*

MM: Sí, creando contenidos y viajando mucho. Me gusta estar en la televisión, es una de mis pasiones, pero también soy muy feliz con mi cafecito o un vino en la terraza y con un libro.

Los mecanismos de defensa

Los mecanismos de defensa permiten que no colapsemos a nivel emocional y/o mental después de vivir una experiencia traumática. Si en ese momento no podemos sostener lo que esa experiencia ha causado en nosotros o en nuestra vida, es muy probable que inconscientemente activemos mecanismos de defensa en nuestro mundo interior y en nuestra relación con nosotros mismos y con los demás.aun así, los mecanismos de defensa a veces nos impiden sentir las emociones que debemos procesar para superar esa circunstancia adversa, por lo que es muy importante trabajarlos.

Grafoterapia para trabajar los mecanismos de defensa

1. Te comparto una imagen con diferentes mecanismos de defensa. Puede ayudarte a identificar los que tú pones en práctica, pero no son los únicos. Por lo que te propongo que hagas una lista con tus propias barreras y estrategias de defensa.

12 mecanismos de defensa

Negar. El rechazo a reconocer lo evidente.	**Proyectar.** Adjudicar os propios defectos a otra persona.
Reprimir. El bloqueo de recuerdos dolorosos o traumas.	**Introyectar.** Asumir las virtudes ajenas como propias.
Regresar. Volver a una etapa previa de desarrollo.	**Reactivar.** Manifestar intenciones opuestas a las verdaderas.
Desplazar. Reaccionar a la persona u objeto equivocado.	**Sublimar.** Satisfacer deseos oscuros como conductas aceptables.
Razonar. Excusarse con argumentos lógicos y detallados	**Aislar.** Las emociones negativas se omiten del habla
Suprimir. Anular un evento doloroso con ideas compensatorias.	**Divertir.** Alterar los significados mediante el humorismo.

2. Ahora diseña varias estrategias de cómo vas a trabajarlos.

Vivir de tu pasión: Ariel Miramontes

Personalidad *A* y *L*

Cuando yo era chico mi abuelo me dijo algo que se me quedó muy grabado. Decía que el secreto de la felicidad era vivir de lo que te causara placer, si trabajas en algo que te causa placer vas a ser feliz.

Análisis grafológico

Claro, directo, minucioso, detallista, protector con los que quieres y contigo. Clavado cuando algo te interesa. Tienes un alto nivel de perfeccionismo, exigencia y claridad. Proteges mucho tu intimidad. Para ti es muy importante tu independencia y hacer las cosas por ti mismo. Consideras que te inventaste en la medida en que fuiste creciendo y creyendo en ti. Tienes una extraordinaria facilidad para aprender. No olvidas fácilmente, tienes muy buena memoria emocional. Sabes perfectamente con quien ser agradecido y con quien no darlo todo. Tu historia de vida no es para nada fácil, todo lo has conseguido por mérito propio.

MC: *¿Cómo eras de niño?*

AM: Mi mamá decía que tenía la voz como pito de calabaza, muy aguda. Y ciertamente siempre he tenido la voz ronca y aguda. Parece que estoy enfermo de la garganta, pero no, así es mi voz.

Fui un niño muy alegre. Dice mi mamá que desde que nací pareciera que me habían invitado a una fiesta, siempre estaba muy contento. Me gustaba y me sigue gustando mucho dibujar, soy pintor autodidacta, desde siempre andaba haciendo dibujos. También me gustaba jugar solo, me entretenía, no necesitaba mucha compañía para distraerme.

MC: *El hacer un círculo encima de la firma se llama "ala de gallina" y eso quiere decir que eres una persona protectora. ¿Tienes hijos?, ¿eres protector con ellos?*

AM: Tengo tres hijos. Fui padre un poco grande, cuando tenía treinta y nueve nació mi primer hijo. Recuerdo que yo me encontré un muñeco cuando tenía dos o tres años, era de esos que son como bebés, lo envolví en un suéter y lo traía por todas partes. Era un muñeco viejo y me decían que lo tirara, que estaba feo. Pero yo no lo hice. Todo el día andaba con mi muñeco y con unas llaves de plástico grandes. Por lo que siempre tuve un instinto paternal o maternal de protección. Hoy tengo tres hijos y soy muy cariñoso con ellos.

MC: *Me llama la atención lo disciplinado que eres, ¿consideras que te ha servido más el talento o la disciplina?*

AM: La disciplina. El talento es como el temperamento, como el carácter, naces con él, pero si no lo sabes enfocar no te sirve.

MC: *No pensé encontrar en ti a una persona que fuera tan meticulosa, tan perfeccionista y extremadamente autocrítica. Quisiera preguntarte, ¿eres tímido?*

AM: Fíjate que, a diferencia de lo que pudiera creer la gente, porque muy pocas veces me entrevistan a mí, sino a Albertano, y él es completamente extrovertido y muy dicharachero, yo soy más reservado. Cuando salgo de alguna función la gente se pregunta por qué no saludo o hago chistes, pero es que yo no soy así. Incluso cuando no conozco a alguien soy un poquito reservado, se podría decir que cauteloso.

MC: *A pesar de ser tan reservado me llama la atención que también eres muy sexual y divertido, ¿a qué edad te empezaste a liberar?*

AM: No sé a qué edad me empecé a liberar, pero lo que te puedo decir es que esta firma me la inventé cuando era niño y es la que he usado toda la vida.

MC: *¿A qué edad te enamoraste por primera vez?*

AM: Creo que como a los quince. A los doce ya estaba de ojo alegre, pero a los quince fue de esas veces que te enamoras fuerte, los amores platónicos, creo que son los más poderosos. En ellos la desilusión se da cuando el amor no se puede consolidar, a diferencia de las decepciones en la edad adulta que se dan por otras razones.

MC: *¿Cuándo decidiste ser actor y cómo empezaste*

AM: En una ocasión fui al teatro a ver *Anita la huerfanita* con Lolita Cortes, Susy Velazco y otros nombres que no recuerdo. El teatro me impresionó desde la primera vez, me pareció mágico. La iluminación, la escenografía, el espacio, todo me dejó impactado. Ya antes me había sentido muy atraído por el arte, recuerdo que más pequeño, estando en un restaurante en Veracruz, llegó un jaranero y empezó a tocar su jarana. Algo me impacto de la música, de la jarana, del cantante, de cómo podía tocar y cantar al mismo tiempo. Ahí fue un primer acercamiento al arte que me marcó y que recuerdo mucho. Y saliendo de mi primera visita al teatro dije: "Yo quiero dedicarme a esto. Yo quiero estar ahí. Yo quiero estar del otro lado".

MC: *¿Dónde estudiaste?, ¿cuántos hubo en tu generación?*

AM: Estudié cuatro años en el Instituto Nacional de Bellas Artes, soy licenciado en Artes dramáticas. Pero antes tomé cursos de canto.

Bellas Artes es la escuela de la UNAM en la que todo el mundo quiere estudiar, medicina o cualquier otra carrera. Es una escuela muy buena, lo que hace que sea muy difícil entrar. Pero en el Instituto Nacional de Bellas Artes hacen un examen de admisión al que aplican muchísimas personas cada año, de los que sólo quedan al final cuarenta y cinco. En mi época después de esa selección de cuarenta y cinco hicieron un segundo filtro donde quedaron sólo treinta, que se dividieron en tres grupos de diez. Al igual que en todas las carreras, en el camino muchos se fueron saliendo. De mi grupo terminamos cinco.

MC: *¿Qué consideras que es lo que te ha hecho llegar adonde estás?*

AM: Cuando yo era chico mi abuelo me dijo algo que se me quedó muy grabado. Decía que el secreto de la felicidad era vivir de lo que te causara placer, si tu trabajas en algo que te causa placer vas a ser feliz, no importa qué sea o si ganas poquito o ganas mucho. Al final de cuentas lo importante es estar contento. Si el dinero y la fama es lo que quieres y te propones lograrlo seguro va a llegar. Y si no es algo que te interese, pero tú lo haces con pasión, también va a llegar. Todos necesitamos dinero para comer, para vivir, para pagar una renta, las cuentas, la vida.

Hay otra cosa que creo que es muy importante para lograr el éxito y es no tirar la toalla. Es muy fácil desanimarse, es el pan de todos los días. Todos tenemos un saboteador dentro de nosotros que nos está diciendo: "No puedes", "no sirves", "no vas a llegar", "esto no es lo tuyo", "está muy difícil", "hay muchos mejores que tú". Todos tenemos esa vocecita. Pero también tenemos otra que nos dice: "Sí puedes", "esto es lo que te gusta", "lo que te importa", "tú vas a lograrlo". En esa lucha uno tiene que dejar que gane el sí, el sí mágico, el sí se puede.

MC: *¿Te has enfrentado a tu fracaso?*

AM: Sí, como todas las personas. Cuando empecé iba a *castings* y no quedaba. Decían que no me elegían porque era muy joven o por el color de mi piel que no encajaba con cierto tipo de personaje. Mi aspecto físico era un poco extraño en ese sentido porque no encajaba en ningún estereotipo, lo que hizo que las cosas fueran un poco difíciles al principio. Creo que para todos siempre es difícil, por lo que es muy importante no tirar la toalla, no abandonar tu sueño, siempre seguir adelante.

Otra de las cosas que me pasaba, ya trabajando en lo que me gustaba y teniendo un poco de aceptación del público, era algo que dijo Woody Allen que se me quedó muy grabado. Es algo que me ha ayudado hasta hoy a seguir con mi carrera. Él decía: "Yo no sé cuál es la clave del éxito, pero les puedo asegurar que la clave del fracaso es tratar de gustarle a todo mundo". Esto tiene que ver mucho con la autenticidad, con no traicionarnos a nosotros mismos, con ser nosotros mismos siempre. Nosotros sabemos quiénes somos, el tratar de querer gustarle a todo el mundo y escuchar las críticas de todos puede llegar a romper a cualquiera, te puede afectar muchísimo. Más ahora con las redes sociales, con la cantidad de noticas falsas o los amoríos que se inventan.

Pero si te pones a pensar, no necesariamente tenemos que gustarles a todos, porque ahí es donde está el problema, en creer que eso es lo importante. Y esto es algo que pasa no solamente en el medio artístico, sino en la vida diaria, en cualquier profesión. La gente busca aceptación, aunque seas dentista, empleada doméstica, no importa, quieres caer bien y que te acepten. Lo mejor es ser uno mismo, que te acepten los que quieran y los que no, no pasa nada.

Vivir de tu pasión

Vivir de aquello que nos apasiona es un acto de valentía, determinación y, sin duda, implica compromiso y un gran sentido de responsabilidad hacia la vida que queremos crear y hacia nosotros mismos. Y es que, a veces, solemos quedarnos en la fase de la ilusión, de soñar lo maravilloso que sería alcanzar algo, pero no pasamos nunca a la acción. Es necesario ponernos en marcha, no necesitas conocer todos los pasos, con sólo dar el primero serás capaz de ser más asertivo en la elección de los que siguen. No basta con encontrar aquello que te gusta y en lo que tienes un talento innato si no haces nada por desarrollarlo con disciplina y constancia.

Grafoterapia para vivir de tu pasión:

1. Escribe a partir de hoy y para siempre esta frase en la zona media de un papel y con letra mediana. Ten presente que son más importantes los rasgos de la letra que las palabras.

"Todo lo que necesito ya existe en mí".

Volver a empezar: Eugenia Debayle

Personalidad *D* y *L*

Creo que todo el mundo tiene un día negro en su vida, y ese día puede marcar un antes y un después. Dejar ser, dejar fluir, soltar.

Análisis grafológico

Terca, valiente, en búsqueda constante. Congruente con lo que dices, piensas y haces, la congruencia es una de las cosas que más valoras. La figura femenina es importantísima para ti. Escribes más pequeño tu apellido que tu nombre, lo que significa que te centras más en ser tú misma, hacer las cosas con independencia y con soberana libertad, sabiendo a lo que te atienes, pero con la certeza de abrir caminos, hacer caminos. Además, la letra en tu apellido es redondeada, lo que corresponde a alguien que es capaz de marcar una línea, que pide respeto por su espacio personal, por su intimidad.

Atrevida como consecuencia de un acto de valentía. Asumiste quién eres. Aprendes con una facilidad extraordinaria. Eres hermética con tus asuntos privados. Tienes una gran sensualidad, pero no una sensualidad en el sentido de sentirte deseada, esa no es la más importante para ti, hablo más bien de la sensualidad de disfrutar la comida, de sentir, respirar.

Piensas demasiado para tomar una decisión, lo que hace que a veces no acciones lo necesario por estar pensando y racionalizando tanto. Ahora tratas de no ser tan emocional, seguro anteriormente eras más emoción que razón. Creo que la lucha a la que te enfrentas hoy es por ser objetiva, por darle a las cosas su justo valor, la importancia que realmente consideras que merecen.

Tienes ojos de escáner, donde está el error lo detectas, te fijas mucho en los pequeños detalles. Inflexible en muchas situaciones y cosas, racionalmente te das cuenta de que eres así y que puedes trabajar en ello.

Estás en un momento de tu vida en que no eres ni optimista ni pesimista sino realista, sabes perfectamente dónde estás pisando y con quién. No estás pensando a largo plazo sino en el aquí y el ahora.

MC: *No he terminado de leer tu libro, pero me está encantando. A veces uno ve a un autor y enseguida se da cuenta que es diferente a lo que ha proyectado en su escritura, tienen todo un discurso teórico, pero en la práctica son otra cosa. En tu caso siento que hay congruencia. ¿Qué tan difícil es ser congruente en una sociedad donde todo parece incongruencia?*

ED: Creo que soy congruente en la medida en que puedo serlo, porque a veces sí soy incongruente, a veces no es posible mantenerlo todo el tiempo. Soy congruente, creo, de manera natural porque no es una búsqueda que estoy haciendo.

MC: *Eres extremadamente estética, y no solamente desde la perspectiva de la moda, en tu caso creo que se trata de una búsqueda mucho más interna, ¿es así?*

ED: ¡Cien por ciento! Creo que ha sido así toda mi vida. Me gusta mucho la belleza, pero no me refiero a la del cuerpo físico. Me gusta apreciar la belleza que hay en todo, la puedo encontrar en la música, en la naturaleza, en un pavorreal. Realmente me gusta ver lo bonito y creo que tengo un lente para identificarlo. Me gusta buscar siempre lo bello de la vida, me gusta ver bonito, esa es la belleza que me atrae.

MC: *Retomando el tema de tu libro, ¿por qué lo titulaste* Mi día negro *si al final se trata de un despertar?*

ED: El título surge porque tengo mucho humor, hasta en mis tragedias. En ocasiones, cuando estábamos en la oficina y de repente nos referíamos a mi antecedente médico hacíamos muchos chistes al respecto. Decíamos, "la muerte es la resurrección", o "el día negro de Eugenia". Lo comenté en la Editorial Planeta y el director me dijo: ¡Así se va a llamar tu libro! *Mi día negro.*

Creo que todo el mundo tiene un día negro en su vida, y ese día puede marcar un antes y un después, quizás te encuentras ahora en ese punto de tu vida. A veces no se trata de un único día sino de muchos días negros.

El día negro puede verse como la angustia de una mujer que le da miedo envejecer o los miedos a las pérdidas. El día negro no tiene que venir empaquetado en la forma en la que me pasó a mí, puede estar empaquetado de miles de maneras. Con lo que me pasó me di cuenta de que este libro podía hacerle mucho sentido a cualquier persona porque todo el mundo vive un duelo algún día. El día negro en realidad son muchos días negros, es el proceso de sanar nuestra heridas y duelos.

MC: *¿Cómo era tu día a día antes del día negro y como es tu día a día ahora?, ¿qué cambió?*

ED: Antes del día negro creo que mi cotidianidad se basaba en estar siempre muy concentrada en el deber, yo tenía que hacer mi deber todo el tiempo. Con mi deber me refiero a mi trabajo bien hecho, a mis cosas bien hechas. Y creo que eso me hacía vivir siempre en un estado interno un poquito alterado. Siempre sentía que no era suficiente, ese momento de ineficiencia es algo que siempre me ha perseguido, soy muy autocrítica. Tengo un juez interno fuerte que no me deja pasar una. Entonces imagínate, cuando te pasa algo como perder las facultades físicas quedas muy irritada. Es como cuando le cortan las alas a Maléfica. Después de eso tienes que regresar a reflexionar en ti. Hoy me llevo mucho más a la ligera, más a mis tiempos, ya no me siento desfasada con la gente, antes sentía que todo iba muy rápido y que yo tenía que ir a esa velocidad. Yo misma me presionaba. Hoy ya veo la vida más a la ligera, difícilmente algo me quita el sueño, antes todo me quitaba el sueño. Ahora voy a mi tiempo, que tal vez para mucha gente puede ser un ritmo lento, pero es mi ritmo.

MC: *¡Tú volviste a nacer! ¿Qué significa volver a nacer después de veinte días en un lugar de paz, de tranquilidad?*

ED: Significa que quise volver a nacer, es un proceso fuerte. Podría parecer fácil, en ese momento podría parecer una bendición, pero creo que la bendición la aprendí hasta después. En ese momento fue muy doloroso, hago mucho la analogía con un árbol, de repente estás viendo que al árbol le salen ramas y es como un nacimiento, algo hermoso, pero también hay dolor en el nacimiento. En algo tan maravilloso como una planta que florece y se regenera también puede haber dolor.

Hoy siento que estuvo muy bien, pero en ese momento fue bastante complejo. El ver que no eres capaz de controlar tus facultades físicas es doloroso internamente, emocionalmente. No lo puedo explicar con palabras, todo el tiempo lloraba, era un llanto constante, no eran lágrimas, era llanto, un llanto de dolor. Era como una regeneración, una limpieza.

Viví una crisis, me preguntaba por qué no estoy contenta si la vida me había dado la gran oportunidad de quedarme en este mundo, tendría que estar muy contenta y celebrando, pero no me sentía así.

MC: *Entonces, ¿qué hiciste?*

ED: Fue un trabajo de mucho tiempo, de mucha paciencia. Por ejemplo, me costó mucho volver a viajar. Viajar es algo que todo el mundo quiere hacer, yo no quería viajar, me cansaba, me conflictuaba mucho porque significaba que cuando regresara a México tenía que continuar con las terapias, con mi nueva normalidad, y eran cosas que no quería hacer. Por lo que me empezaron muchos miedos como a viajar o hablar en público porque no lograba articular bien. Me sentía muy insegura, insegura para hacer mis videos de tutoriales, no hablaba bien, no me veía bien y todo eso me causaba conflicto. Sentía que el accidente me había costado mi vida y mi trabajo, que ya no lo podía hacer bien.

Lo que me ayudó a salir adelante fue el tiempo y las ganas. El tiempo que estuve trabajando en mí, desde la terapia psicológica hasta leer libros. Ha sido ir paso a paso lo que me ha permitido estar bien.

MC: *Fue una temporada oscura, a lo que vino después, ¿podrías llamarlo un renacimiento?*

ED: Sí, siento que ahora apenas estoy empezando el renacimiento, esa parte de luz está llegando. Y una de las cosas que ha marcado este inicio de la luz ha sido el libro. No me di cuenta de que este libro me iba a salvar y lo ha hecho. Me ha dado un nuevo propósito, es un libro que ahora tiene mucho significado para mí. Me está salvando y me está enseñando otra vez a ver la luz.

MC: *En tu letra se hace evidente que eres reservada y muy privada, ¿podrías hablarnos de esa parte de tu personalidad?*

ED: Soy súper privada, no soy de las que llega a una mesa y tiene muchos amigos y amigas y comienza a contar toda su vida, no soy un libro abierto. Converso porque me encanta, pero no voy a llegar y contar en un momento todo lo que me ha pasado en el día. Lo que son las cosas, en *Mi día negro* fui como un libro abierto y conté muchas experiencias personales. Antes algunas personas me contactaron preguntándome si quería contar mi historia en una revista. Y nunca lo quise hacer, hasta ahora. Siempre dije que si iba a contar mi historia sería bajo mis términos, con mi voz y cuando estuviera lista. No quería que nadie le metiera mano y volteara la nota. Y al final creo que contarla a mi manera salió bien, revelé lo que quería.

MC: *Me gusta pensar en tu libro como una especie de himno al amor propio, ¿qué opinas?*

ED: Sí, al amor propio. ¿Y qué es amor propio? Lo sigo aprendiendo, pues todo es experimentar y aprender, siempre seguir aprendiendo. Hay días en los que aún me siento abajo y otros en los que me siento más abajo, desanimada, que quiero tirar la toalla, pero ¡miro adelante y sigo aprendiendo!

Volver a empezar

Como bien dice Eugenia Debayle, todos hemos vivido un día negro. Quizás para algunos ese día se trata de un evento traumático que nos cambió la vida para siempre, después de eso no volvimos a ser los mismos. Para otros hay días negros que se convierten en semanas, meses y años de insatisfacción, de vivir en automático, de poner a un lado nuestros sueños y conformarnos con "lo que hay". Todos los días negros son igual de peligrosos porque nos hacen perdernos de la belleza de estar vivos.

¿Qué pasa después de este día negro? Creo que muchos logran vivir su propio renacer como le sucedió a Eugenia. Y también creo que esos que no han vivido circunstancias límites logran renacer y marcar un antes y un después en sus vidas el día en que se hacen conscientes y se determinan a ser los escritores de su destino.

Grafoterapia para trabajar el volver a empezar

1. Piensa en cuál ha sido tu día negro, ese evento o circunstancia que cambió tu vida para siempre. Quizás tu día negro lo

estás viviendo ahora y puedes empezar a reconocerlo. Entonces, en lugar de pensar en "por qué me pasa esto a mí" haz una lista de tres razones poderosas respondiéndote "para qué me pasa esto a mí". Escribe por qué crees que es necesario que vivieras ese día negro y qué aprendizajes te esperan.

1.

2.

3.

Lidiar con la crítica: Andrea Legarreta

Personalidad A

Hay que luchar por los sueños y si no se obtiene lo que se soñaba el simple hecho de luchar por lo que quieres ya te está dando algo bueno: aprendizaje, crecimiento, fortaleza, resistencia.

Análisis grafológico

Muy generosa, enigmática, cuidadosa de tu vida privada, de tu intimidad. Desconfiada, clara, directa, muy consciente de quién eres. Más de acción que de palabras, en todo lo que tiene que ver con la disciplina eres tenaz. No es sólo lo que haces sino el impacto que tiene. Has pensado y has hecho mucho por estar bien contigo más que con los demás.

Cachonda, te gusta provocar, sentirte fuerte y deseada, eres coqueta. Con un corazón de pollo, aunque aparentes lo contrario como mecanismo de defensa. Últimamente más reservada. Cuando das, das todo, pero también cuando quitas es todo. Siempre escribías tu apellido más grande que tu nombre, hoy por primera vez estás viendo por estar bien tú primero. Estás muy consciente de tus emociones, de cómo te sientes.

MC: *¿Crees que tu infancia influyó en el sentido de responsabilidad que tienes?*

AL: Sin duda. Fui la única niña con dos hermanos mayores, era muy independiente, casi como una hija única. El mundo de mis hermanos giraba alrededor de ellos, jugaban juntos, hacían sus bromas y travesuras. Hasta que de pronto me empezaron a incluir. Viví una especie de dualidad, por un lado, el mundo de la Barbie y la casa de muñecas, por otro, el mundo de los superhéroes. Por lo que puedo comprender perfectamente el mundo de los hombres y sé que son como niños todo el tiempo, desde que nacen hasta que se mueren.

MC: *Creo que muchas veces te rodeas de la energía masculina porque te llevas muy bien con ella y quizás también porque eres muy envidiada por la energía femenina, ¿estoy en lo cierto?*

AL: La verdad es que no me detengo a pensar en eso. Me parece que quizás es algo muy egocéntrico. Puedo felicitar a una mujer en sus redes sociales, o ser muy amorosa y atenta y no pienso que otras mujeres sean competencia. Desde niña tenía muy claro algo, nadie puede ser como tú, ni tú puedes ser como las otras personas. Quizás hay algunas situaciones que me gustaría vivir o algo que me gustaría sentir, o tener un tipo de relación de amistad bonita que veo en otros, pero no significa que lo envidie. Creo que cada uno tiene que crear su propia historia. Nuestros padres nos enseñaban el valor de las cosas, la importancia de luchar por lo que quieres, el merecerlo y ganarlo, pero si no tienes algo, no pasa nada.

En una ocasión en terapia me dijeron: tiendes a justificar mucho a la gente. Y quizás sí, pero es porque soy un ser humano igual que ellos, porque yo me he descubierto equivocándome muchas veces, y porque me he dado la oportunidad de tratar de mejorar. Me equivoco todos los días, tengo defectos, mi carácter a veces es complicado, por ejemplo, pero tengo que identificar en qué fallo para cambiar.

MC: *¿Cómo manejas la crítica?*

AL: Creo que es algo que se logra con los años. No es que sea muy mayor, incluso he recibido críticas por mi edad, pero con los años aprendes a cómo hacer que las emociones no se vayan a las vísceras. A veces son inevitables esos corajes. Pero en realidad pienso: qué triste ser una persona que desea cosas tan horrorosas y que dice cosas tan violentas, o que es capaz de decirle cosas horribles e insultos a los familiares de alguien que no conoce. Lo que siento es un poquito de lástima, compasión. Debe ser horrible voltear, ver el mundo y señalar constantemente las cosas que no te gustan de los demás, además de que es una forma de agresión.

MC: *A nivel profesional, ¿cuál ha sido el mayor reto al que te has enfrentado?*

AL: Inicié haciendo comerciales y otras cosas antes de llegar a las telenovelas. También estuve de paso en un grupo musical, fue un tiempo corto y aunque no era lo mío fue un trampolín para entrar de lleno, ahora sí, en Televisa. Eso me llevó a conocer a Luis de Llano quien me dio la oportunidad de conducir un programa que se llamaba *Música futura*, fue un programa maravilloso, presentábamos vídeos y hacíamos entrevistas. Me ayudó a foguearme mucho. Teníamos a gente que sabía mucho de música y que nos enseñó a entrevistar.

Un día recibí una llamada del señor Guillermo Ochoa, a quien admiro y respeto muchísimo. Me dijo que quería hablar conmigo, que deseaba cambiar a la conductora de espectáculos, quería saber si sabía leer el prompter. Yo mentí y contesté que sí. Así que me propuso ser la conductora de espectáculos y hacer notas de color, programar las entrevistas, editar, en fin, hacerlo todo. Y dije que sí.

Nunca había utilizado un prompter, nosotros hacíamos nuestro programa con un apuntador y a veces ni siquiera eso. Y de pronto me vi como conductora de espectáculos, fue maravilloso. En verdad estaba muy nerviosa, pero muy emocionada. Guillermo es un jefe duro, exigente, le gusta hacer bien las cosas y le gusta que la gente trabaje bien. Y ahí estaba yo en la selección. Después me iba a las alfombras rojas a cubrir las entrevistas. A través de su programa pude entrevistar a muchísimos artistas y directores internacionales, algunas fueron entrevistas en inglés, lo que lo hizo más retador. Él fue un gran maestro sin duda, yo creo que ese fue el paso que me trajo oficialmente a esto.

MC: *La maestra Lupita también fue un personaje icónico.*

AL: Yo quería ser mamá desde que era niña. Recién me casé llegó a mi vida mi primer y único protagónico en televisión. Había sido villana y otros personajes antagónicos, pero nunca la protagonista, hasta que llegó la maestra Lupita. Fue como un regalo a mi vida, en una etapa muy linda, recién casada. Para mí estos niños llenaron mi corazón, yo todavía los veo como si fueran mis niños, aunque ya estén grandes. Esta conexión que tengo con ellos es natural, no hay nada forzado, es algo que me provocan los niños y creo que quienes lo vieron lo sintieron.

En diferentes países muchos niñitos se fueron enamorando de este personaje, a veces era un personaje dulce, era tierna y paciente, conservadora, casi sin una gota de maquillaje, amorosa con su abuelo. Sin duda un personaje que ha sido un gran regalo y un reto porque jugar a ser alguien que no eres es complicado.

Pero quizás el reto más grande fue el emocional. Durante la historia quedé embarazada y perdí a mi bebé, por lo que fue un reto tremendo regresar. Cuando mis niños se acercaban a abrazarme lloraba, era complicado a veces volver a conectar con el personaje y dejarme amar, sobre todo cuando había sido tan reciente mi pérdida.

MC: *¿Qué te enamoró de Erick?*

AL: Me gusta el lado infantil de los hombres, la parte del gozo por la vida, de ser simpáticos, juguetones. Y Eric en esencia es un hombre que tiene una parte muy tierna. Hay gente que no la ve porque se ve fuerte y muy introvertido, y lo es en algunos momentos, pero su parte tierna es con la que más conectamos.

Su ternura fue algo que me cautivó desde el principio. Cuando yo estudiaba en el Centro de Capacitación Infantil unos salones cercanos se utilizaban para ensayar y prepararse para la actuación. Yo me enteré en aquel entonces que como él entró unos meses después de que arrancaron lo trataban muy mal. Entonces me daba mucha ternura. Un día nos vimos y sonrío con este lado tierno que tiene y yo, que tiendo a ser maternal, a veces hasta un poquito codependiente, sentí ganas de estar con él.

Yo venía de una familia muy distinta a la suya. Cuando sus padres se divorcian su mundo da un giro. Cuando él decide entrar al medio artístico en México, ellos vivían en Puebla. Fue un niño que quizás no tuvo la misma estabilidad que yo, pero quise hacer una familia con él.

MC: *¿La admiración ha sido fundamental para que la relación sea duradera?*

AL: Sin duda, la admiración es mutua. Sabemos lo que es trabajar desde pequeños, no por necesidad familiar, sino porque era un gusto personal el querer pertenecer a este mundo. Mis papás nunca me quitaron un peso de lo que ganaba trabajando, ni en etapas de necesidad económica para nuestra familia, esa parte fue muy bella. Pero los dos conocemos lo que es trabajar desde niño, ganarse las cosas, valorarlas y apreciarlas. Por lo que ahí hay una conexión. También nos hemos seguido de alguna forma, él me veía trabajando como conductora, además de que hicimos una telenovela juntos, aunque nuestros personajes no tenían nada que ver. Pero sí creo que siempre, de alguna forma, hubo cierta admiración y atracción.

Como papás nosotros hemos tratado de ser cercanos, de escucharlas, de motivarlas y de hacerles saber también un poco lo que pasó con nosotros. Que si no tienen lo que quieren no pasa nada. Hay que luchar por los sueños y si no se obtiene lo que se soñaba el simple hecho de luchar por lo que quieres ya te está dando algo bueno: aprendizaje, crecimiento, fortaleza, resistencia.

Lidiar con la crítica

Sin importar a lo que te dediques todos nos encontramos expuestos a la crítica. Es imposible agradar a todo el mundo o lograr que todos estén de acuerdo con nuestras elecciones, principios de vida y creencias. Esto es algo que todos sabemos pero que en la práctica se nos complica aplicar. Nos afecta a gran escala cuando nos sentimos juzgados despiadadamente por un comentario negativo en redes sociales. Incluso aquellos que vienen de personas que ni siquiera conocemos y en las que es evidente que se esconden bajo seudónimos y perfiles falsos.

A todos nos afecta una crítica negativa tanto si viene de alguien conocido como desconocido por lo que es esencial aprender a lidiar con ella y no optar por ignorarla y fingir que no existe o que no nos importa. Aunque escondas la basura bajo la alfombra seguirá estando ahí hasta el día que te decidas a sacarla.

Lo que yo te propongo es que en lugar de aparentar que algo no te incomoda aceptes tus emociones y te decidas a cambiar los pensamientos que te llevan a sentirte de tal manera. Lo que opinan los demás no tiene nada que ver contigo sino con ellos mismos y la manera en que perciben y están en el mundo. Por eso mejor enfócate en lo único que puedes cambiar, a ti.

Cuando un comentario negativo sobre tu persona, tu trabajo o cualquier cosa referente a ti te afecte pregúntate primero por qué te afecta tanto, qué heridas está abriendo ese comentario. Y entonces enfócate en sanar esas heridas.

Ten también presente que si algo que dicen los otros sobre ti te afecta enormemente es porque en cierta medida una parte de ti está de acuerdo con eso que dicen los demás. Por ejemplo, si alguien te dice: "No estás lo suficientemente capacitado para ocupar este puesto", pero tú estás seguro de que sí lo estás, entonces ese comentario difícilmente te afecta. Pensarás, quizás esta persona no me conoce del todo y por eso piensa esto o hasta puedas convencerla y demostrarle que sí estás listo. Pero si una parte de ti piensa que realmente no estás capacitado para ese puesto entonces este comentario podría afectarte. Alguien ha dicho en voz alta algo que quizás tú mismo no te habías atrevido a decirte pero que en el fondo creías.

Ejercicio de Grafoterapia para lidiar
con las críticas y ganar autoconfianza

1. Generalmente, cuando estamos en etapas donde escuchamos mucho la opinión de los demás, nuestra letra es muy redonda. Trata de escribir menos redondo, de esta manera le estas mandando a tu cerebro información diferente, ser más racional y menos emocional.

El perdón: Eduardo Calixto

Personalidad I y Z

Si pudiera, iría a ver ese niño cuando estuviera triste, lo abrazaría, le diría que todo lo que está viviendo vale la pena y que va a estar bien en el futuro.

Análisis grafológico

Concreto, idealista, apasionado, muy sexual, muy instintivo, sensual, disfrutas de los placeres físicos. Muy claro, trabajas mejor bajo presión, estresado, te gustan los retos, no te gusta quedarte con nada en la cabeza, tienes que hacerlo, materializarlo. Puedes estar muy preocupado en tu interior, pero por fuera es como si nada pasara. Impaciente, inquieto, de repente estás un poco neurótico. Necesitas controlar para sentirte con la seguridad de lo que está pasando. Cuando consigues algo vas por más, a veces hasta con sentimientos de culpa. Evalúas todo de forma muy profunda y severa. Eres alguien que exige su tiempo y su espacio. Tus victorias son públicas pero tus preocupaciones, fracasos y gustos son más íntimos, totalmente privados. Nunca tuviste palancas, nunca tuviste un padrino, nunca tuviste a nadie que te arreglara la existencia.

MC: *¿Cómo descubriste tu vocación y cómo ha sido el camino profesional que has recorrido?*

EC: Recuerdo mucho una frase de mi abuelo que mi mamá siempre decía y que me motivó mucho: "Si quieres comer un pan grande te lo tienes que ganar y lo tienes que trabajar". Vi que a través del estudio se podía ascender, vi que había mucho reconocimiento para mis compañeros que estudiaban y yo también quería eso, así que me puse a estudiar.

En la secundaria fue que descubrí mi vocación de médico. Desde que tengo uso de razón mi mamá estaba muy enferma, eso me motivó, decía que quería curarla por lo que entré a la Facultad de Medicina. Cuando llegué al segundo año descubrí la ciencia y desde entonces la fui estudiando en paralelo a la carrera de médico. En mi segundo año de la carrera iba en las mañanas y en las tardes a un laboratorio a estudiar bioquímica y biología molecular. Y a partir del segundo año para dar clases a alumnos de la Facultad de Medicina un año menor que yo. Eso me motivaba demasiado, además de que me hizo tener mucha disciplina en lo que estudiaba y en lo que leía. Entonces hice una profesión de médico, una profesión científica y una profesión académica casi en paralelo. Esto es lo que me ha permitido ayudar y ser quien soy.

MC: *¿Cómo eres como papá?*

EC: Al inicio tenía unos niveles de exigencia muy altos. Me queda muy claro que la gran mayoría de los seres humanos repite los errores de la generación anterior a la suya. Así me pasó al principio y después hice el cambio porque definitivamente mi hija me enseñó a ser papá.

Mi hija se llama Merit por el personaje de una obra que leí en la preparatoria que se llama *Sinuhé el egipcio*. Es una historia que narra la vida de uno de los primeros médicos, de su camino como profesional pero también de sus amores y pasiones. Merit es uno de esos amores reales que sabe dejar en libertad al ser amado.

MC: *¿Estás enamorado?*

EC: Mucho, sí, y procuro estarlo. Creo que esa es otra de las cosas que como adulto ha aprendido a valorar, porque antes no lo apreciaba tanto. Procuro decirle todos los días que la quiero con algún detalle, de alguna manera.

MC: *¿En qué momento de la vida has tenido que reconstruirte?*

EC: Podría decir que en dos momentos.El primero cuando era adolescente y me di cuenta de que durante mi infancia mi mamá estaba en mi contra. Eso prácticamente me destruyó desde el punto de vista moral y psicológico. Descubrí que mi papá no era mi papá, había vivido en una mentira. Cuando todo salió a la luz mi mamá piensa que la voy a denunciar o a exponer públicamente.

Descubrí que yo no fui un hijo deseado, que no fui un hijo querido y que, en realidad, mis hermanos no eran mis hermanos. Siempre fui engañado en el amor, me decían que me querían, pero me lastimaban, humillaban y aislaban. Es entonces en la secundaria que decido refugiarme en los libros y empiezo a estudiar muy fuerte. Después decidí estudiar medicina y empiezo a entender muchas cosas, también a perdonar y a tratar de llevar mi vida adelante. Obviamente tuve que hacer mucho trabajo, pero finalmente mi mamá y yo teníamos claro que nunca quise ir en contra de ella, tenía todas las razones para hacerlo, pero no lo hice, nunca.

El otro momento es cuando me fui a Estados Unidos terminando el doctorado. Me hicieron una propuesta que me mantuvo allá por cinco años y medio. Eso me llevó a prácticamente desconectarme de todo, de mi país, mi familia, mis amigos. El estar solo, tener que valerme por mí mismo, plancharme, hacerme de comer, en definitiva, responsabilizarme de mí, es lo que me lleva a reconstruirme por segunda vez. Pero ahora de una manera muy hermosa.

La primera vez fue por necesidad, no sabía quién era ni lo que iba a hacer. Pero en este segundo momento ya era médico y tenía la idea de no regresar a México. Pero vuelvo a los seis años y una de las razones es para estar en paz con mi mamá, para abrazar a mi papá que, aunque no es mi padre biológico, siempre lo reconoceré como mi padre. Por lo que regreso a México y logro poner en orden esa parte, despido a mi mamá, que muere en el 2010, y estar con ella me dio mucha paz.

MC: *Cuando te enteras de todo lo relacionado con tu origen fue en una etapa muy joven, todavía de formación en muchos aspectos, ¿cómo te organizaste?*

EC: Creo que una de las cosas que me enseñaron desde muy pequeño fueron los límites. Yo siempre entendí eso, fui un joven que a pesar de ser muy rebelde y que, incluso, podía hacer lo que quería, siempre supo de los límites. Y otra cosa definitiva para mí en esa época fue algo que me mostró mi papá: el amor. Él siempre se acercaba conmigo para abrazarme, nunca hizo ninguna distinción.

Lo increíble es que yo, desde que tengo uso de razón, cinco o seis años, barría camiones, mis hermanos nunca hicieron ningún tipo trabajo y yo sí. Era algo que a mí me llamaba la atención, siempre me mandaban a lavar camiones, a cobrar y, obviamente, había un dolor respecto a esta situación. Creo que eso también hizo que yo valorara muchas cosas. Fue una realidad que me enseñó a ser muy estricto en ciertos aspectos, muy estructurado y a saber administrar muy bien.

Nunca fui a fiestas, no bebía, no fumaba, no tenía novias. En mi primer año de la carrera todos se burlaban de mí porque era el único virgen del salón. Hoy puedo decir muchas de esas cosas pues ayudaron a construir mi presente y no las cambiaría por nada. Si pudiera, iría a ver a ese niño cuando estuviera triste, lo abrazaría, le diría que todo lo que está viviendo vale la pena y que va a estar bien en el futuro. Que tal vez no va a ser futbolista, pero va a desarrollar algo que no sabía, la oportunidad de platicar con las personas.

MC: *¿Qué piensas de la sociedad en la que vivimos y la forma en que estamos reaccionando ante una situación de emergencia como la pandemia?*

EC: Somos una sociedad que nos cuesta mucho trabajo cambiar, que estamos muy limitados en nuestra proyección como humanidad y como país, que nos atrapa el estrés y somos terriblemente copiones para reproducir lo malo y no para hacer las cosas bien. No obstante, también hay mucha gente buena, tenemos en este país lo mejor y lo peor. Me ha tocado conocer y vivir en otros países, tuve la oportunidad de quedarme en Estados Unidos, vivir en una ciudad maravillosa que es Pittsburgh, podría haberme quedado allá para siempre, pero le aposté a mi país. Y voy a ser honesto, no son palabras vacías, siempre lo he pensado así. Mi país me dio educación, una escuela pública, beca de posgrado y sentía que debía regresar eso y hoy soy feliz de haber decidido volver a vivir acá.

Y mira que he vivido situaciones difíciles, el robo de un coche, eventos peligrosos, amenaza de muerte, pero siempre he pensado que todo eso tiene solución. La solución está en los jóvenes, en la gente que piensa, que va a la universidad. Yo quiero mostrarle a nuestro país que la juventud es el cambio, por eso sigo dando clases. Le he dado la vuelta a muchas universidades y sigo pensando que podemos lograr cambios. Todavía me queda la esperanza de que muchos jóvenes van a cambiar lo que como generaciones no pudimos hacer nosotros.

El perdón

Muchas veces las heridas más grandes de nuestra vida son provocadas por las personas que más amamos. En medio de ese dolor debemos tener presente que esas personas son maestros y que esas experiencias dolorosas tienen un potencial enorme para convertirse en grandes aprendizajes.

Cada uno sabe cuándo está listo para perdonar, no te fuerces. Y cuando decidas perdonar a alguien no lo hagas sólo por esa persona, hazlo principalmente por ti. Porque te mereces soltar esa carga y encontrar paz. En algunas ocasiones valdrá la pena que digas en voz alta y en presencia de la otra persona "te perdono". En otras bastará con decir "te perdono" en tu intimidad.

Grafoterapia para el perdón

1. Piensa en algo que hayas hecho en el pasado que todavía no te perdonas. Alguna decisión que tomaste o que dejaste de tomar, una discusión que tuviste con alguien que amabas y de la que te arrepientes o algo de lo que no te sientes orgulloso de haber hecho. Ahora, como si fueras tu propio abogado defensor, escribe un alegato de defensa hacia tu yo del pasado. Desglosa todas las razones por las que actuaste de tal manera. Ojo, la intención no es justificarte, la intención es entender por qué funcionaste de tal manera en el pasado y reconciliarte con esa versión de ti. Al final de tu alegato escribe: "Hice lo mejor que pude con lo que sabía". Una vez que termines léelo en voz alta y si lo sientes perdónate y agradécele a esa versión de ti que te trajo hasta aquí.

La traición: Daniel Bisogno

Personalidad D y L

> *Hay que hacer caso omiso a las cosas que uno sabe que no son ciertas. La gente que te quiere y te conoce sabe quién eres.*

Análisis grafológico

Intensísimo, amas u odias, contigo no hay medias tintas. Sexual, dominante en la cama. Cuando das entregas todo hasta vaciarte. Muy protector, extremadamente leal y entregado. A veces el tomarte las cosas tan en serio, con tanta pasión, te hace perder objetividad. A nivel dinero estás pensando en tu futuro económico. Por los tamaños de los números, el 1, 2, 3 son más grandes que el 5, 6, se indica que sentías mejor fluidez económica en el pasado y que estás estresado en el presente. Sabes que el futuro puede venir difícil pero que todo estará perfecto. Eres retador, competitivo, sarcástico, irónico. Trabajas mejor bajo presión, te gusta la adrenalina, tienes corazón de pollo, además eres como un niño grande

MC: *¿Cómo eras de niño? Porque sin duda la vida se ve muy diferente cuando eres intenso y altamente sensible.*

DB: Fui muy bien portado, eso dice mi mamá, pero yo no lo puedo creer, yo más bien creo que era huevón. Nunca di problemas, ni en la adolescencia, nunca llegué tomado, es más, mi papá tenía mano dura y si decía que tenía que llegar a determinada hora, a esa hora llegaba. Mis amigos llegaban a la hora que querían y haciendo el desmadre que querían, a mí me costó más trabajo. No te voy a mentir, ya luego fue otra cosa, pero en ese momento, y cuando vivía en casa de mis papás, había que respetar las reglas y punto.

Me la vi difícil porque, por ejemplo, aunque había coche en mi casa, no me dejaban usarlo. Me compré un coche hasta que entré a *Ventaneando*. Imagínate que los primeros autógrafos los di en el pesero de Tacubaya a Cuemanco, de repente se me arremolinaban las personas que iban a subir al pesero hacia Tláhuac.

MC: *Yo siento que siempre supiste que ibas a trascender porque tienes una letra grande y ascendente, siempre supiste que ibas a ser una persona con éxito, ¿fue así?*

DB: Tenía mucho la ilusión, siempre fui muy soñador y creo que eso me ayudó a que se pudieran concretar mis sueños y que lograra lo poco o lo mucho que he alcanzado después de todos estos años en los medios de comunicación. Entonces sí, sí creía y soñaba, por fortuna tuve suerte y aquí sigo, pésele a quien le pese.

MC: *¿Te imaginaste alguna vez que ibas a ser tendencia?*

DB: Es una angustia total, y no sólo eso, el año pasado tuve más portadas en *TV Notas* que Ninel Conde. La gente es capaz de inventar cualquier cosa, pero yo creo que la publicidad, buena o mala, siempre es benéfica. Hay que hacer caso omiso a las cosas que uno sabe que no son ciertas. La gente que te quiere y te conoce sabe quién eres. Conmigo pasa algo muy exótico, o me quieren o me odian, así es, muy marcada la línea. Pero incluso los que me odian me siguen.

MC: *Me llama la atención algo, eres extremadamente resistente, me refiero a resistente en la adversidad. ¿Cuál crees que ha sido el momento más difícil en tantos años de carrera?*

DB: Los últimos meses fueron específicamente complicados para mí, mi mamá estuvo enferma, hospitalizada, mis hermanos con covid y además tenía un problema laboral. Fue muy complicado, yo creo pasé una de las peores Navidades, pero por algo pasan las cosas, todo es aprendizaje y aquí estamos arriba y adelante.

MC: *Me sorprendió ver que lo que te mueve no es el dinero, te mueven más las ideas, el prestigio, el cariño y la lealtad.*

DB: Sí me mueve más el cariño, la lealtad, la fidelidad. Yo creo que la lealtad es esencial, tanto en lo profesional como lo personal. Mi vida se he basado en pura lealtad, eso es lo que busco hasta en una relación, es en lo único que podemos confiar, en una persona que sea leal a ti y a tu forma de ser.

MC: *¿Qué sigue para Daniel Bisogno?, ¿qué quieres hacer?*

DB: Me gustaría seguir produciendo teatro, tuvimos que parar por el covid. También continuar con un bar que abrimos porque ahí están mis ahorros. Entre otras cosas quisiera hacer un *show* de comedia, no *stand up*, pero me gustaría hacer un *show* contando anécdotas de mi vida que son verdaderas.

La traición

Bisogno es una persona que ha trabajado desde abajo, desde dar autógrafos en el camión. Es innegable su carisma y ha construido su carrera paso a paso hasta ser uno de los conductores más codiciados, polémicos y cotizados de habla hispana. Se podría pensar que nadie se va a atrever a traicionar a Daniel Bisogno, pero resulta que también lo han traicionado y que ha tenido que sobrevivir a la traición y al escrutinio público. Pero, así como lo trataron de destruir públicamente, él públicamente logró sobrevivir y con mejores resultados. Por lo que confirmo que todos estamos expuestos a la traición de un amigo, de una pareja, incluso muchas veces tenemos que perdonarnos nuestras propias traiciones.

Grafoterapia para trabajar la traición

1. Escribe una carta para ti sobre las veces que te has traicionado. Pídete perdón y haz el compromiso de mantenerte fiel a ti mismo.

Ponerle pausa al drama: Victoria Ruffo

Personalidad A y Z

Con los años uno cambia, de repente las cosas que te preocupaban y afectaban cuando tenías veinte años ya no te afectan. Te das cuenta de que la vida pasa muy rápido y que hay cosas por las que, la verdad, no vale la pena detenerse ni a platicar ni a reflexionar. Las cosas pasan y punto.

Análisis grafológico

Inteligente, sensible, generosa, con un sentido del humor que poca gente tiene. Piensas que hay que llevarse la vida más leve, no hacer tanto drama. Siempre me ha llamado la atención lo concreta que eres y lo directa. Tu letra es ancha, lo que implica que eres generosa, concreta, práctica, muy cautelosa al momento de confiar, muy selectiva. Tienes una gran intuición para saber en quién confiar y en quién no. Una gran capacidad para fijarte en los pequeños detalles, tus ojos tienen un escáner para saber dónde está el error. Extremadamente responsable, puntual, determinada.

Eres una persona que no se hace pequeña ante el miedo, al contrario, el miedo te da fuerza. Piensas mucho para tomar una decisión, no libras batallas que no sabes que puedes ganar. Estás liberándote en muchos sentidos, venciendo muchas cosas y, además, te estás dejando fluir. Tú inteligencia emocional ha crecido muchísimo, ya no te tomas nada personal o tan en serio. Ahora prefieres dejarte llevar, atreverte a crear lo que te gusta a ti antes que lo que prefieren los demás.

MC: *¿Te imaginaste algún día que ibas a ser la protagonista más importante de novelas en México, que ibas a tener la popularidad y la trascendencia con la que cuentas, a ser un referente de la televisión? ¿Cuál ha sido uno de tus mayores aprendizajes en este medio?*

VR: Desde que tengo uso de razón quería ser actriz. Recuerdo mucho que la directora de mi escuela mandaba a buscar a mi mamá porque yo estaba casi reprobando. Y cuando me preguntaban qué quería hacer en la vida, yo les decía que actriz, una actriz internacional.

Y en cuanto a los aprendizajes creo que uno de los más importantes es que con los años uno cambia, de repente las cosas que te preocupaban y afectaban cuando tenías veinte años ya no te afectan. Te das cuenta de que la vida pasa muy rápido y que hay cosas por las que, la verdad, no vale la pena detenerse ni a platicar ni a reflexionar. Las cosas pasan y punto.

MC: *¿Cómo llegaste a la televisión, tocando puertas?, ¿te vieron?*

VR: La verdad no puedo decirte que me costó trabajo, empecé haciendo comerciales. Mi hermana un día le dijo a mi mamá que quería ser modelo, ella tenía una amiga que tenía una agencia de modelos y fueron para que se sacara fotos y yo también me saqué fotos. Al final a la que le hablaron para hacer el comercial fue a mí.

Y ahí fue que empecé a hacer novelas, primero como extra y de pronto ya era la protagonista. Luego vinieron las telenovelas de veinte capítulos y pensé en ir a probar. Llevé mis fotos, esta vez no me hicieron caso, pero como a la semana me hablaron de la oficina y me pidieron ir. El señor Alonso me dijo que sí había posibilidades, me dieron un personaje, Rosario. Era una novela de veinte capítulos y yo participaba en dieciocho de ellos. Mi primer protagonista fue en *La Fiera*, a los veintidós años.

MC: *¿Tienes alguna anécdota de esa época?*

VR: Sí, el papel me lo dieron porque el productor me estaba regañando, me dijo: "Así no se hace *mijita*". Yo me enojé y le contesté: "Yo no soy *mijita,* a mí no me hable así". Entonces el productor dijo: "Ahí está la fiera". Y me quedé con el papel. Después de eso hice Juana.

MC: *¿A qué edad fuiste mamá?*

VR: A los treinta. Mi abuela me decía que si a los treinta no me había casado iba a dar de qué hablar, y yo era bien obediente.

MC: *Independientemente de todo lo que se hizo con la boda, Eugenio Derbez siempre que habla de ti cuenta que te veía como alguien inalcanzable, que fue uno de sus grandes sueños que tú fueras su esposa. Es una gran responsabilidad ser mamá de José Eduardo Derbez. ¿Cuándo José Eduardo decidió ser actor tú siempre estuviste de acuerdo?*

VR: Claro, siempre estuve de acuerdo en que se pusiera a trabajar, me daba desesperación que no hacía nada. Todos los días le decía: "Ya decídete a hacer algo". Me conflictuaba que siempre se iba de farra con sus amigos, que viviera de noche y todo el día estuviera dormido.

MC: *¿Qué sigue para Victoria Ruffo?*

VR: Me gustaría hacer series, he recibido diferentes llamadas, pero será hasta que termine la pandemia porque me da miedo todo ese tema. Pero definitivamente continuaré haciendo lo que me gusta.

Poner pausa al drama

A veces solemos estar tan inmersos en el drama de nuestra vida que no logramos ver otra cosa. Cuando digo el "drama de nuestra vida" me refiero a, por ejemplo, considerarnos víctimas de las circunstancias y de las personas. Esas veces que exageramos teatralmente nuestra realidad y nos adentramos profundamente en ese personaje hasta convencernos que eso es lo que somos, víctimas, y que otra realidad no es posible.

Pero como dice Victoria, la vida pasa muy rápido. Así que atrévete a cambiar de personaje, a cambiar de opinión, a apostar por las cosas que realmente te interesan. Atrévete a romper con lo exagerado y lo artificial, a ser asertivo y práctico cuando te enfrentas a una situación para verla con claridad y encontrarle soluciones.

Grafoterapia para dejar de ser dramático

1. ¿Cómo dejar de ser tan dramática? Este ejercicio puede ayudarte. Escribe esta frase fuerte, redondeado y vertical en veintiún renglones por veintiún días. Así le mandas información diferente a tu cerebro.

"Conocerse es la tarea más difícil porque pone en juego directamente nuestra racionalidad, pero también nuestros miedos y pasiones. Si uno consigue conocerse a fondo, sabrá comprender a los demás y la realidad que lo rodea".
—Alejandro Magno

Cuando te conoces, cuando sabes quién eres, le quitas poder a los demás sobre ti.

Tipos de inteligencia: Lucero

Personalidad L

Yo creo que lo único que nos puede llevar a cumplir nuestros sueños y objetivos es la disciplina.

Análisis grafológico

De carácter fuerte, muy clara en lo que quieres, en cómo te gustan las cosas. Buscando siempre estar bien a largo plazo, yéndote a lo seguro, pones el corazón. Te sientes en este momento con mucha fortaleza y además con una enorme racionalidad en todo lo que tiene que ver con el amor. Una gran capacidad de disciplina, de resistencia. El dinero es algo totalmente secundario en tu vida, te mueve mucho más el prestigio, algo que te llene. Cautelosa en extremo, muy clavada, tema que entra a tu cabeza es tema que no sueltas nunca. Y aunque estás pensando siempre a largo plazo, estás absolutamente consciente que lo más importante es el presente. Sobre todo, estás tratando de no tomarte nada personal ni nada muy en serio. Por naturaleza eres una persona que trabaja mejor bajo presión y que te gusta la adrenalina.

MC: *¿Qué tan disciplinada eres?*

L: Yo creo que lo único que nos puede llevar a cumplir nuestros sueños y objetivos es la disciplina. Tal vez no me dediqué a ser maestra olímpica, bailarina de ballet o esas cosas que requieren de mucha disciplina, tanto que a veces llega hasta a lastimar físicamente a una persona, pero en el mundo artístico en el que me muevo siempre he sido muy disciplinada, metódica. Si me dicen que debo de comer todos los días lo mismo y a la misma hora, así lo haría.

MC: *Estuve estudiando que sólo 5% de la población mundial destaca y tú eres de ese 5% de la población. De todos los que empezaron contigo eres de las pocas que han logrado un gran nivel de audiencia, ¿a qué crees que se deba?*

L: Soy muy privilegiada al destacar en algo que me gusta. Desde que era niña lo tenía muy claro. He tenido mucha suerte en muchos aspectos y también es cierto, todo es resultado de mucho trabajo y mucha disciplina, esa ha sido una buena combinación. También creo que tiene que ver con las cosas que vas aprendiendo. Creo que el ser empático con el público y esa facilidad para contagiar, conectarme con una sonrisa, comunicarme con la gente es importante para que la gente se pueda identificar contigo, eso ayuda mucho. Yo no conozco personas que tengan éxito en la vida que no hayan trabajado exhaustivamente para lograr lo que tienen.

MC: *Eres una mujer que siempre va por más, ¿cuál crees que haya sido el mayor reto de tu carrera?*

L: Probablemente, aquí en México, como actriz, *Lazos de amor*. Haber cantado en la plaza de toros cuando cumplí veinte años de carrera fue un reto, así como llenar ese lugar tan grande. Tal vez en México esto no hace tanto sentido, pero hacer una telenovela en Brasil fue un gran reto, el simple hecho de aprender el idioma y vivir en Brasil por temporadas.

MC: *La parte media de la firma tiene que ver con la seguridad, si lo notas, eres una mujer que tiene confianza en sí misma. Me llama la atención algo, uno podría pensar que Lucero es un ídolo, que es amadísima, que es conocidísima y eso la hace una mujer muy vanidosa, pero la realidad no es así. Claro que te cuidas, eres privilegiada porque eres muy bonita, pero no eres una mujer que ponga en el físico su seguridad, ¿alguna vez has tenido episodios de duda o inseguridad?*

L: En la adolescencia a veces las mujeres nos podemos confundir o sentir inseguridad, ya sea por lo que piensen de ti o por lo que otra persona, ya sea hombre o mujer, quizá una amiga, llegue a decirte: "Ay, ni que estuvieras tan bonita" o "no eres inteligente". Yo no me sentía hermosa, pero me veía al espejo y me sentía bien, me gustaba lo que yo veía.

MC: *¿Qué admiras de tu pareja?*

L: Siempre que he tenido una pareja formal admiro mucho a la persona con la que estoy, su inteligencia, su generosidad, que sea protector, que sea caballeroso. Admiro que él sea entusiasta con mi carrera, que sea positivo, amoroso.

MC: *Tú no eres una persona que elija los proyectos solamente por dinero y me sorprende porque vivimos en una sociedad muy materialista, entonces ¿qué sigue para ti?, ¿qué quieres hacer?*

L: Para mí el dinero es una consecuencia lógica de mi trabajo y de mi esfuerzo. No es que pueda trabajar gratis, creo que todos necesitamos una remuneración, es lo justo. Me encanta vivir bien, me encanta ganar mi dinero, siento que he trabajado por ello. Puede ser que me paguen mucho dinero por un proyecto, pero si no me gusta prefiero hacer otro que me apasione, aunque no paguen tanto. Se trata de emocionarme, de motivarme, de mejorar o de superar los trabajos que he hecho antes. Darle al público proyectos y cosas bien hechas, de lo contrario prefiero quedarme en la casa hasta encontrar el proyecto que me apasione. Soy así tanto en la música como en la actuación. No haría escenas de desnudos, no haría escenas de drogas ni violencia, de esas que ni yo puedo ver.

En el futuro me gustaría volver al pop, he estado pensando en volver con canciones inéditas, hacer algo diferente para mi público.

Tipos de inteligencia

Como señala Lucero, la disciplina y la inteligencia son esenciales para lograr nuestras metas en la vida, no basta con la motivación. Solemos pensar que la inteligencia consiste en tener mucho conocimiento sobre muchas cosas o saber mucho sobre algo en particular. Por lo que consideramos inteligentes a aquellos que cuentan con determinada cantidad de información. Pero lo cierto es que existen diferentes tipos de inteligencia que cada ser humano desarrolla en mayor o menor medida.

A continuación, te comparto las definiciones de algunos tipos de inteligencia que desarrolló Howard Gardner en su

Teoría de las inteligencias múltiples. Esto te permitirá identificar cuáles son los tipos de inteligencia que posees, así como cuáles son los que más has desarrollado. Al final del capítulo podrás encontrar las referencias a los artículos donde consulté esta información en caso de que quieras indagar más.

Inteligencia lingüística o verbal:
Es considerada una de las más importantes pues demanda el trabajo de los dos hemisferios del cerebro. Los que poseen este tipo de inteligencia cuentan con un dominio avanzado del lenguaje oral y escrito, por lo que es común que la desarrollen escritores, poetas, periodistas y actores.

Inteligencia lógico-matemática:
Requiere del uso del hemisferio lógico del cerebro, el izquierdo, por lo que está asociada a las ciencias exactas, el razonamiento complejo, la abstracción y resolución de problemas. Los que han desarrollado este tipo de inteligencia por lo general son científicos, economistas, ingenieros y matemáticos.

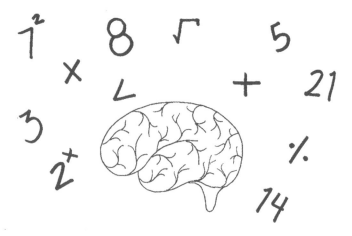

Inteligencia espacial:

Requiere el ser capaces de observar el mundo y los objetos desde diferentes perspectivas. Es decir, estas personas a partir de la percepción del mundo pueden crear imágenes mentales que después pueden o no concretarse en forma de un cuadro, por ejemplo, o de un diseño gráfico. Lo importante aquí es la capacidad especial que tienen de percibir imágenes y transformarlas o modificarlas para así producir o decodificar información gráfica. La poseen por lo general pintores, fotógrafos, arquitectos, diseñadores o escultores.

Inteligencia kinestésica o corporal:

Exige alto conocimiento y dominio del cuerpo humano que permite a los que la poseen expresar ideas y sentimientos, así como resolver problemas o realizar ciertas actividades, por lo que requiere el dominio de habilidades físicas como el equilibrio, la fuerza y la flexibilidad. Por eso dentro de este tipo de inteligencia destacan los bailarines, actores, deportistas.

Inteligencia musical:

Por lo general se encuentra situada en el hemisferio derecho del cerebro, donde se procesan las emociones y sentimientos, además de ser un área que desempeña funciones importantes en la percepción y producción musical. Un punto importante en esta inteligencia es que por más fuerte que sea, necesita ser estimulada para que desarrolle todo su potencial. No hace falta decir que los que más disponen de este tipo de inteligencia son los músicos, críticos musicales y compositores.

Inteligencia intrapersonal:

Es el tipo de inteligencia que nos permite comprendernos y conocernos, saber de nuestras características, cualidades, necesidades, gustos, talentos y defectos. Es esencial para cualquier individuo pues la capacidad de conocernos es determinante en cualquier área de nuestra vida. Los emprendedores y los individuos con un alto autoconocimiento son acreedores de ella.

Inteligencia interpersonal:

La usamos para interactuar en las relaciones humanas, para empatizar con los demás o reconocer emociones. Suelen desarrollarla los terapeutas, docentes, psicólogos y administradores.

Inteligencia naturalista:

Se utiliza cuando se observa y analiza a la naturaleza. Según Gardner, es un tipo de inteligencia que permite detectar, diferenciar y categorizar los elementos del entorno. Los biólogos son quienes más la han desarrollado.

Grafoterapia para potenciar los tipos de inteligencia

1. ¿Qué tipo de inteligencia es más fuerte en ti?

2. ¿Cuáles sería bueno que desarrollaras más?

3. ¿Qué podrías hacer para desarrollar esos otros tipos de inteligencia?

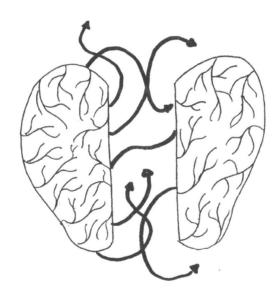

El ego y las creencias limitantes: Omar Chaparro

Personalidad A y Z

Yo quiero llegar más lejos pero no solamente en mi carrera como actor, quiero llegar un poquito más lejos en mi relación con mi esposa, mi relación con mis hijos, en mi relación con Dios. Tienes que ir a avanzando y tratar de mantenerte en un equilibrio.

El "no" me encanta, me hace querer buscar el "sí".

Análisis grafológico

Acelerado, trabajas mejor bajo presión. Inquieto, nervioso, impaciente, siempre pensando en qué va a pasar. Puedes estar físicamente en un lugar, pero tu cabeza se mantiene pensando en miles de cosas y en cientos de escenarios posibles. Tienes el toque de Midas, la capacidad para hacer dinero, para hacer negocios ambiciosos y competitivos. El conflicto entre *ser* y *deber ser* se presenta en varios momentos de tu vida. Determinado, al tomar una decisión la llevas a cabo pase lo que pase, suceda lo que suceda. Además, en busca siempre de tu libertad. Un idealista, luchador, con una inquietud extraordinaria. Pero también con mucho estrés y con mucha adrenalina que hacen que trabajes todavía mejor. No te gustan las cosas fáciles, parece que donde es más difícil es donde más te involucras.

MC: *¿Desde cuándo supiste que naciste para ser actor?*

OC: Yo creo que fue cuando me di cuenta que se me daba fácil. Cuando vi que me gustaba, que me apasionaba, que podía estar por horas cantando o haciendo chistes, actuando o entreteniendo a la gente y, sin embargo, no podía poner atención en una clase de filosofía. Creo que cada persona tiene un *por qué*, algo que se le facilita. Yo me sentí como como pez en el agua en el entretenimiento.

MC: *¿Eras popular en la escuela?*

OC: Sí, yo creo que nunca pasaba desapercibido, por raro, cotorro, porque bailaba, porque hacía bromas. Pero no era porque yo lo planeara o quisiera sobresalir, simplemente no podía quedarme quieto. A mis cuarenta y seis años he descubierto que en esta búsqueda de encontrar tu propio ser muchas veces tratas de ser igual a alguien más, tratas de camuflajearte con el resto.

MC: *¿Con quién te pasó?*

OC: Yo decía: "¡Wow, qué increíble ser como Adal Ramones!" Y empezaba a querer hacer cosas parecidas a él. Es un error que cometemos todos y que es válido porque estas en una búsqueda. Ahora, a mis cuarenta y seis años digo: "Tú tienes tu propio estilo". Es tan simple que, cuando eres tú mismo, genuinamente, escuchas la voz de tu alma, no te importa el qué dirán, y te atreves, te aventuras a tomar ese camino de defender tu esencia, entonces todo empieza a funcionar. Empiezas a conectar con la gente y con las situaciones porque cuando eres auténtico es cuando la gente siente empatía contigo. Pero es difícil llegar a ese punto.

MC: *¿Te has enfrentado al "no"?*

OC: Claro, constantemente. Me he enfrentado incluso al "no" de la gente. Pero es algo que me desafía, el "no" me encanta, me hace querer buscar el "sí". El "no" puede ser el peor enemigo que podemos tener porque es el rey del disfraz. Se disfraza a veces de alguien prepotente y soberbio, de una figura desinflada de ti mismo que dice "no puedes", "cómo te vas a atrever a hacer eso", "no tienes el talento", "eres muy débil", "no tienes la inteligencia". Por lo que debemos ser muy astutos para descubrir cuando el ego busca engrandecerte y cuando te minimiza.

MC: *¿En qué te ha dicho el ego que "no"?*

OC: En varias ocasiones. Siempre que me he atrevido a hacer cosas distintas, a ir más allá de mi zona de confort y mi ego me hacía dudar de mí, incluso la crítica de las personas que se supone que me querían me hacían dudar. Cuando me aventuré y pasé de la radio a la televisión y luego al cine, dudaba. Era joven, en ocasiones me decía: "¿Cómo vas a ser un actor serio si eres comediante?" Incluso ahora que quiero ser músico he pasado por eso, pero creo que ahora soy un poco más sabio o he adquirido un poco más de experiencia que me permite descifrar a ese ego. Era un reto el lanzarme de cantante y ahora la canción va súper bien, está en los primeros lugares en México y va subiendo en Estados Unidos.

MC: *Entonces, ¿te escuchas a ti y no al ego?*

OC: Exacto. También es cierto que a veces el ego te hace dudar porque vive en ti, está ahí todos los días desde que te levantas, es tu gran oponente. Por lo que tenemos que estar ahí para descubrirlo, desafiarlo y hacerle caso a la voz del alma, que es la voz de la intuición y no se equivoca.

MC: *Has evolucionado en cada espacio que has aparecido sin perder tu esencia, se nota que estás disfrutando cada momento, ¿cómo lo logras?*

OC: Yo tenía mucho miedo de regresar a la televisión. Cuando me ofrecieron estar en *Tu-night* yo solito me saboteaba por los fracasos de algunos programas, por las inseguridades que tenemos como seres humanos y por la presión del *rating*. Tenía pánico, no quería hacer televisión nunca más, quería volver a *Black and White* donde era dueño de lo que hacía y decía. Pero hice un análisis a partir de algo que mi esposa me dijo: "Por qué no haces una meditación donde viajas al pasado y abrazas al Omar de hace años, lo abrazas y le dices que todo está bien, hiciste lo mejor que podías con lo que tenías". Hice la meditación durante quince días y así decidí hacer el programa. Aquel ejercicio fue mágico, ya no tenía ninguna preocupación. Y ahora no sólo me siento así en *Tu-night* sino en todo lo que hago.

MC: ¿Cómo llega *Las locuras mías*?

OC: Llega después de haber grabado tres discos y más de setenta canciones, en esta búsqueda del éxito. En esta pandemia pude liberarme de muchas falsas creencias limitantes e inseguridades, cuando la grabé lo hice con el alma. Alguna vez dije: "Me da miedo que me critiquen un poco, pero me da pavor quedarme con las ganas de mostrar quién soy, de quedarme con un sueño". Entonces, cuando haces las cosas con el alma hay empatía, se da una conexión entre tu verdadero yo, tu alma, tu intuición y, por ende, una conexión con Dios.

MC: *¿Cómo aceptaste hacer este papel?*

OC: Por la historia, porque es un guion de alguien que yo conocí. Alguien que vivió cosas difíciles, se inspiró estando en la cárcel y en una temporada que estuvo viviendo en su coche en Los Ángeles. Leí el guion y me di cuenta que era una historia muy poderosa, una historia que se tenía que contar, una historia de valor, de amor muy entrañable, por lo que decidí hacer este personaje. Fue entonces cuando el director me dijo: "Quiero que nadie reconozca a Omar, en ningún lado, así que quiero que subas veinte kilos". Lo más que pude subir fueron catorce, por el tiempo y porque me costó. Yo pesaba sesenta y ocho kilos y lo más que estuve pesando fueron ochenta y dos kilos. Pero estoy feliz con lo que estamos grabando, es una historia muy bonita.

MC: *¿Es cansado emocionalmente hacer un personaje así?*

OC: Sí, sobre todo porque estás al servicio del personaje y, literal, tienes que entregarle todo al personaje. De hecho, estuve trabajando con un coach de Los Ángeles quien preparó a Rami Malek en la película de *Bohemian Rhapsody*. En las primeras clases con él todo era hablar de mí, sacar todas las cosas y la basura que yo traía porque, de alguna manera, estoy prestándole mi vida a este personaje. Entonces era muy curioso cuando me pedía que le contara mi historia y mis traumas para luego, cuando empezara a contar la historia y llorara

Julián pudiera hacerlo a través de mí. Hace dos semanas grabamos una de las escenas más fuertes de la película y tuve que tomar pastillas porque tenía una migraña muy severa por todo lo que estuve llorando, por los niveles de ansiedad y de estrés. Entonces sí, es cansado.

MC: *¿Te reconoces exitoso?*

OC: Sí, pero trato de tener un equilibrio porque quiero que dure y, sobre todo, quiero tener la sabiduría para disfrutar esto que estoy viviendo. Tony Robbins dice que la felicidad es igual al progreso, si no progresas, aunque sea un poquito, caes en la mediocridad, tienes que ir avanzando. Yo quiero llegar más lejos pero no solamente en mi carrera como actor, quiero llegar un poquito más lejos en mi relación con mi esposa, mi relación con mis hijos, en mi relación con Dios. Tienes que ir a avanzando y tratar de mantenerte en un equilibrio.

Sí, soy exitoso, tengo que ser consciente de eso y sentir gratitud, estoy súper agradecido. Volteo hacia atrás a la época en que trabajaba de repartidor de pizzas, o cuando era taquero en Chihuahua, después me veo ahora y pienso: "Soy exitoso", me levanto y doy gracias a Dios. Pero al mismo tiempo volteó hacia enfrente porque todavía me falta mucho. El día que yo piense que ya llegué entonces puedo correr el riesgo del volverme creído o mediocre. Intento mantenerme en ese balance entre "gracias, qué increíble que ya llegamos, pero nos falta mucho todavía".

MC: *Lo mejor está por venir, es tuyo por derecho. Por eso quisiera preguntarte, ¿qué sueñas o esperas de eso mejor que viene?*

OC: Quiero seguir disfrutando mucho a mi novia y a mis hijos, seguir haciendo películas, que cada película que haga me mueva. Esto es cansadísimo, grabar dieciséis horas sin parar, pasar frío, calor o pasar horas esperando en el camper y que nadie te hable, pasar semanas sin ver a tu familia. Todo eso es cansado, pero si la historia es como la que estoy haciendo ahorita, vale la pena. Por eso ahora, la verdad, me he vuelto un poco más exigente con los proyectos. No quiero hacer un proyecto que no me mueva, que no me apasione, tiene que ser una historia que me conmueva.

Independientemente de la música, me emociona mucho cuando leo los mensajes de la gente y me doy cuenta que ellos son conscientes de las batallas que he lidiado. Porque no ha sido fácil, me ha tocado estar arriba, abajo, en medio, me he caído, me he levantado. Entonces es bien padre cuando la gente no solamente te aplaude por el éxito que has alcanzado, sino cuando los inspiras. Ya no se trata sólo del premio o el aplauso, sino que pueda inspirar a más personas a cambiar, evolucionar. Lo que quiero es demostrarle a la gente que sí se puede. Yo pude, aun siendo el *wey* que se ponía una peluca y hacía pendejadas, pasar a ser un actor que interpreta un drama increíble. O voy a hacer un concierto en el Metropólitan con tres mil personas bailando sin olvidar cuando la gente se reía de mí.

MC: *Tienes la capacidad de reivindicar el mundo, ¿cómo transformas eso "negativo" en aprendizaje?*

OC: Las lecciones más grandes que he tenido en la vida se han dado cuando pienso que el mundo es horrible, han sido cuando he estado en el suelo llorando, triste y deprimido.

El ego y las creencias limitantes

Omar nos ha dado una perspectiva interesante del éxito y de la capacidad que tenemos todos de cambiar y transformar nuestras vidas en cualquier momento. Su historia nos demuestra que nunca es tarde y que siempre puedes experimentar e ir en busca de tus sueños.

En esos momentos en los que el ego te frena, en los que tus creencias limitantes te impiden avanzar y te inmovilizan, en ese instante, es esencial reconocer ese ego y esos miedos, agradecerles, pero saber que somos más que eso. Tener la certeza de que, del otro lado, nos esperan cosas maravillosas si nos atrevemos, de manera auténtica y genuina, a atravesar la incertidumbre y a reprogramar nuestra mente. El ego y los miedos pudieron ser parte de nuestra vida en el pasado y, de alguna manera, protegernos. Pero nosotros tenemos la capacidad y la determinación de cambiar, de elegir pensar diferente, ser diferentes.

Grafoterapia para trabajar el ego y las creencias limitantes

1. Piensa en alguna situación de tu vida actual en que tu ego o alguna creencia limitante te esté frenando a hacer algo que quieres. Pregúntate: ¿Cuál es el costo en mi vida de este ego o esta creencia?, ¿qué me está privando tener o experimentar?, ¿qué cambiaría si me atreviera a pensar diferente?

La entereza femenina: Susana Zabaleta

Personalidad Z, G y L

A mí me gustaría que las mujeres y los hombres reflexionáramos un poco en todas las faltas que hemos cometido, ya sea criticando a una mujer que trabaja, a una madre soltera, o a tantas mujeres que luchan todos los días por querer ser alguien. Afortunadamente hoy día está creciendo la unión entre las mujeres y eso nos hace crecer.

Análisis grafológico

Ella es fuego, pero también sabe ser agua. Si necesita volar se convierte en aire y si necesita tocar también sabe ser tierra. Susana Zabaleta es la más chispeante de las mujeres, es la cabrita perdida que le faltó escribir a Elena Poniatowska. Pero, sobre todo, es una de las mujeres más maravillosas que he conocido. Nos ha enseñado su verdadera voz y a mí me ha ayudado a construirme como mujer. Ella está presente siempre como yo estoy presente en ella. Sabe que amiga no es la que te pregunta "cómo estás" para luego terminar hablando de bolsas y compras, sino es la que siente la luz que habita dentro de uno y hace que salga el sol cada que piensas en ella.

Susana se adelanta siempre, esto me platicó en el 2015. Ella nunca le ha tenido miedo a caminar descalza por el fuego.

MC: *¿De pequeña eras más cercana a tu mamá?*

SZ: Sí, era más cercana a mi mamá, aunque admiraba mucho a mi papá, mi carácter se lo debo a él. Su forma de expresar el amor era jugando, siempre le ha costado trabajo el cariño físico. Me he esforzado porque mis hijos tengan un poquito más de ese tipo de cariño. Sin embargo, cuando mi hija era pequeña y yo quería jugar con ella a las muñecas ella me decía: "Mamá estoy leyendo".

MC: *¿Cuándo te diste cuenta de que eras cantante?*

SZ: Yo creo que en el momento que me escogieron en la escuela para cantar el Himno Nacional y el Ave María. Mi escuela era religiosa, cantaban el Ave María los domingos y los lunes el Himno Nacional. La verdad lo único que yo quería era estar en la escolta, pero ahí estaban las niñas que tenían muy buenas calificaciones y yo nunca las tuve. Siempre he sido muy dispersa, tengo muchas cosas en la cabeza. Pero porque un niño tenga cuatro ideas al mismo tiempo eso no quiere decir que sea tonto, simplemente significa que tiene cuatro ideas al mismo tiempo.

MC: *¿Dónde te formaste como cantante?*

SZ: Primero en Monterrey, a mí me tocó una época en la que Carmen Romano de López Portillo había construido una escuela con los mejores maestros. A ella le gustaba mucho la música clásica y reunió a los mejores. Estudié con maestros alemanes, holandeses, todos picudos; había maestros de todas partes del mundo. Pagaba veinte pesos mensuales, era una buena época para la educación musical.

MC: *¿Estudiaste algún momento en el extranjero?*

SZ: En Florencia, Italia. Una amigase fue un año antes por lo que cuando llegué ya tenía muy ubicado lo que quería hacer. Tuve la oportunidad de cantar muchas veces, alguna de esas veces cantábamos enplazas para tener dinero y la gente era generosa, sobre todo los turistas. Juntábamos dinero para cenar pasta y vino, la verdad éramos muy felices.Tenía diecinueve años.

MC: *¿Cómo fue tu regreso a México?*

SZ: Primero regresé a Monterrey y posteriormente solicité una beca que me dieron en la Ollin Yoliztli. Mis padres no sabían que yo ya había hecho planes para vivir en la Ciudad de México, les dije que me iba casar con un tipo que ellos conocían muy bien, era mi novio en ese entonces, y que queríamos ir a vivir allá. Ya estando en la Ciudad de México, seis meses después, devolví el anillo y devolví todo, me puse a estudiar y entré al musical *El violinista en el tejado.* Para no depender económicamente de mi papá, en la mañana estudiaba, de siete a dos de la tarde, y de martes adomingo por la tardehacia *El violinista en el tejado.*

MC: *¿Cómo entraste a El violinista en el tejado?*

SZ: Hice una audición para Manolo Fábregas y me fue realmente bien. Me dijo: "Estrenas en quince días". Sin embargo, no fue fácil conseguir la cita, toqué su puerta muchas veces, tardé una semana y media yendo todos los días hasta que pude verlo. En ese entonces México acababa de pasar por el temblor del 85 y la gente era muy amable y dulce. Me tocó esa época donde todos se ayudaban. Imagínate que para llegar a la escuela gente que no conocía me daba un *raid*.

MC: *¿Qué papel has disfrutado muchísimo?*

SZ: El que hago actualmente, Morticia Addams. Lo estoy disfrutando mucho porque tiene que ver con el matriarcado, también tiene que ver con esta unión familiar que se le exige a un marido, con decir la verdad, con los malentendidos y los problemas cotidianos.

MC: *Entre muchas que han interpretado ese papel, tú has sido catalogada como la mejor Morticia Addams ¿cómo te hace sentir eso?*

SZ: La verdad no me lo esperaba, fue para mí realmente una sorpresa cuando me lo dijo el compositor de la obra, Andrew Lippa. Es un reconocimiento a mi trabajo y eso siempre será increíble.

MC: *¿Cómo ves a las mujeres en México?*

SZ: Cuando una mujer empieza no para nunca. Un hombre se cansa antes que una mujer en lo físico, en lo mental, en lo sexual, en todos los sentidos se cansa más un hombre que una mujer. La mujer es mamá, limpia la casa, es amante en las noches, una cocinera extraordinaria y, ¡tantas cosas!

MC: *¿Fue un acto de valentía cantar?*

SZ: Yo creo que fue un acto de necesidad de expresión. Cuando a las mujeres no nos dejan expresarnos de una u otra manera encontramos la forma de hacerlo. Hay quien se expresa siendo excelente cocinera, otras por medio del canto, otras por medio de licenciaturas y doctorados.

MC: *¿Crees que gracias a las mujeres existen hombres tan brillantes?*

SZ: Creo que existe un matriarcado en este país. Si tú me preguntas si el hombre educa a su hijo yo te diría que más bien forma parte de su educación, sin embargo, quien está de noche y de día con los hijos somos las mujeres. Quien va a recogerlos a la escuela, quien los levanta, quien les da de desayunar, quien platica con ellos antes de llevarlos a sus clases de la tarde, quien los duerme, todo somos nosotras. El papá generalmente trabaja todo el día, a veces ni siquiera puede ver a los niños. Es triste, pero es una realidad muy común.

MC: *¿Crees que hay una crisis de roles en la sociedad?*

SZ: Creo que las mujeres sorprendimos a los hombres en muchos sentidos. En lugar de abrazarnos y decirnos: "Lo tuyo es mío y lo mío es tuyo", nos hemos llenado de envidias y de cosas que no dejan avanzar. A diferencia de las mujeres que podemos hacer todo, un hombre no puede estar solo, siempre necesitará de una mujer. Los hombres construyen su propio infierno por no dejar que una mujer brille. A mí me gustaría que las mujeres y los hombres reflexionáramos un poco en todas las faltas que hemos cometido, ya sea criticando a una mujer que trabaja, a una madre soltera, o a tantas mujeres que luchan todos los días por querer ser alguien. Afortunadamente está aumentado la unión entre las mujeres y eso nos hace crecer. Creo que nos esperaría un futuro genial si aportáramos a nuestros hijos esos valores.

La entereza femenina

Susana es un ejemplo de la fuerza y la entereza de las mujeres. También de la importancia de la sororidad, de hacer comunidad de mujeres que se apoyen y acompañen. Nuestro rol es esencial dentro de la sociedad y nuestro aporte imprescindible en la construcción de las nuevas generaciones y, por ende, de la sociedad futura.

Grafoterapia para trabajar nuestra autonomía femenina

1. Elige una de estas frases como decreto, cópiala y pégala en un lugar visible para que te sirva como ley de vida.

La libertad nunca es dada; se gana.
—**A. Philip Randolph**

La libertad nunca es dada voluntariamente por el opresor; debe ser demandada por el oprimido.
—**Martin Luther King, Jr.**

La libertad comienza entre las orejas.
—**Edward Abbey**

Crea tu propia fórmula: Carla Estrada

Personalidad A y D

Comienzo por acercarme lo más que se pueda, lo más real y en todos los sentidos. Si tocaba representar un taller mecánico iba a un taller mecánico. Así fue como creé mi propia fórmula.

Análisis grafológico

Carla es una mujer educada, observadora, analítica, siempre alerta. Es juiciosa, cautelosa, generosa, protectora, emocional, contundente y clara. Muy consciente de la realidad que está cerca de ella, lo que le ha permitido atravesar cada momento de su vida profesional y personal desde esa conciencia y certeza de que todo camino es aprendizaje. Su agudeza en la observación le permite atender siempre a los detalles, y eso ha sido esencial para alcanzar la excelencia en su trabajo. Pero Carla no sólo observa su entorno, sino que se atreve a verse, conocerse y cuestionarse constantemente. Es además una mujer con gran poder de convencimiento.

MC: *¿Cómo inició tu carrera profesional?, ¿cómo supiste a lo que te querías dedicar?*

CE: Empecé estudiando psicología, pero me di cuenta de que si no podía conmigo no iba a poder ayudar a otras personas. En ese momento decidí cambiarme a comunicación y ahí es donde me di cuenta de que mi vida está marcada por un destino.

Empecé a trabajar en Televisa de casualidad, todo comenzó un día que estaba montando unos caballos que eran de mi novio, te cuento. Un día montando me di cuenta que iba a llover, entonces me metí rápido a la pista para dar una vuelta. Inesperadamente un señor le dio un fuetazo a mi caballo, me asusté mucho y me fui enojadísima. Después, participando en un concurso, vuelvo a ver a este señor y le reclamo. Su respuesta fue: "Si tu novio te va a prestar sus caballos lo mínimo es que te enseñe a montar bien". Resultó que él era Víctor Hugo O'Farrill. Comenzamos a platicar y me preguntó si tenía trabajo. Le comenté que siempre me pedían experiencia y yo no tenía mucha. Entonces me dijo que lo fuera a ver a Televisa y ahí comencé de asistente de su asistente.

MC: *¿Qué significa en tu vida Valentín Pimstein, Ernesto Alonso y Reynaldo López?*

CE: Ellos son los grandes pilares de esta industria. ¡Qué bueno que hemos crecido y aprendido mucho de ellos! Reynaldo López fue un productor súper innovador en su época, me enamoré de él y nos casamos. Tenemos un hijo que es Carlos Eduardo, tierno, lindo, educado, sensible, sencillo, humilde y talentoso. Le digo a mi hijo: "Tu talento y entrega me permiten demostrarte todo lo que te amo, si fuera por mí yo preferiría que estuvieras aquí conmigo, sin embargo, me encanta que te muevas y realices tus sueños, lo que más me importa como madre eres tú y tu felicidad".

MC: *¿Cómo fue cuando te quitaron a tu hijo por un tiempo?*

CE: Me divorcié de Reynaldo cuando mi hijo tenía dos años y medio. Comenzamos a salir adelante como podíamos. Afortunadamente comencé proyectos interesantísimos: *Quinceañera, Amor en silencio, Cuando llega el amor* y *Pobre juventu*d. Un día me habló un señor de seguridad y me dijo que se iba a quedar con el niño, que no lo iba a volver a ver. Así fue como comenzó un viacrucis de cinco meses donde yo no podía ver a Carlos, no podía hablar por teléfono con él, lo sacaron de la escuela en que estaba y me enteré que mi hijo se dormía a las tres de la mañana y se levantaba a la una de la tarde. No se bañaba, no se cambiaba de ropa, no se lavaba los dientes y comía chatarra. La razón de por qué me lo quitaron la tuve muy clara cuando tuvimos una junta con el misógino del juez, que fue tan duro conmigo. Pero pensaba: "El que yo esté trabajando no quiere decir que no pueda ser mamá". Entonces su papá se acercó a mí y me dijo: "Mira, ya perdiste, entonces ¿por qué no regresas conmigo? Y tú puedes hacer lo que quieras". A lo que le contesté: "Yo no voy a volver contigo, jamás. No sólo porque me estés haciendo daño a mí sino porque le estás haciendo más daño nuestro hijo".

Tuve que ir al psicólogo y todos en Televisa sabían. Incluso en su programa Paty Chapoy dijo: "Por favor, regrésale su hijo a Carla". Puedo decir que ha sido la etapa más triste y desoladora de mi vida, uno piensa que ahí se acaba y no. Mi psicólogo me dijo: "Carla, lo que quieren es verte sufrir y es lo que están logrando, en el momento en que no te vean sufrir las cosas van a cambiar". Entonces tomé la decisión de decirle que no volvería a ver a mi hijo y me fui a Acapulco. Una semana después mi hijo me habla para pedirme que fuera por él y me lo llevé. No fue fácil, tuvimos que trabajar por mucho tiempo para volver a la normalidad. Después de eso su papá no le habló por siete años.

MC: *¿Cómo después de vivir todo esto decides darte otra oportunidad en el amor?*

CE: Mi psicólogo tuvo la culpa. Aunque Oscar siempre había sido un gran apoyo, terminé con él porque quería dedicarme sólo a mi hijo. Mi psicólogo insistió en hablar con los dos, yo no quería, mi hijo necesitaba mi atención, pero también necesitaba una figura paterna y verme bien. Entonces Oscar me dijo: "Vamos a intentarlo". Me daba pavor decirle a mi hijo, pero a él le encantó la idea. Después de vivir nueve años juntos nos casamos, ya no somos esposos, pero somos grandes amigos y él es el padre de mi hijo. Para mí Oscar es un hombre que voy a querer toda la vida.

MC: *Pero si lo querías tanto, ¿por qué terminaron?*

CE: Hicimos un pacto, estaríamos juntos mientras que los dos estuviéramos muy felices y llegó un día que ya no era así. Te puedo decir que hoy por hoy es mi gran compañero, mi compañero inseparable. Estos son los primeros cinco años de mi vida que no he tenido una pareja.

MC: *¿Ahora qué haces?*

CE: Disfruto. Me la paso muy bien, la verdad, tengo compañías increíbles, pero me gusta mucho estar conmigo.

MC: *Volviendo a tu vida profesional, debió haber sido muy difícil empezar a abrir camino en aquellos tiempos en un mundo de hombres. Empezaste a hacer novelas que marcaron una era en la televisión. ¿Cómo fue esa etapa?*

CE: Cuando entré venía de cinco años de *XETU* que cambió el ritmo a la televisión en México, yo llego a hacer novelas pero traigo mi ritmo. Me convierto en la primera mujer directora de cámaras y de escena en telenovela, era muy atrevida. Creía mucho en los jóvenes y llamé a Chayanne, Mayagoitia, Paty Pereira, a todos los jóvenes que yo pensaba que pudieran ser nuestros protagónicos. Cuando empezaba un proyecto comenzaba por acercarme todo lo posible, lo más real y en todos los sentidos. Si tocaba representar un taller mecánico iba a un taller mecánico. Así fue como creé mi propia fórmula.

MC: *¿Y luego con las telenovelas de época?*

CE: Un gran reto, una novela de época era muy difícil. Quería ir a varios países, pero no podía con mi presupuesto. Entonces se me ocurre pedirle al señor Azcárraga Milmo que hiciéramos Europa en los pasillos de Televisa, literalmente. Todos quedaron fascinados, a pesar de que el señor Azcárraga quería que desmontara, nadie me regañó y les gustó mucho la escenografía. Hice muchas más en el Estadio Azteca y en Xochimilco.

MC: *Dejaste huella haciendo una carrera muy importante como productora.*

CE: Sí, hacer *Hoy* es la oportunidad más grande que me ha dado la vida de hacer lo que soñé cuando salí de la Universidad:

darle a mi público las armas para salir adelante y para tener la fuerza de enfrentarse al mundo. Y ese sueño lo hice realidad. Metía a muchos motivadores que daban ideas para ser mejor, para estar bien. Fue un programa, pienso, muy fino, que lo veía y disfrutaban todos. Creo que es la única vez en la vida de *Hoy* que hemos hecho un grupo tan padre.

Después llega la oportunidad de hacer la bioserie de Joan Sebastián. Llevaba siete años sin hacer telenovelas y además me estaba arriesgando con José Manuel, que nunca había actuado en su vida. Fue un riesgo enorme, pero Televisa creyó en mí.

Y luego llega la serie de *Silvia*. Es muy diferente hacer una serie de una persona que ya no está viva, a una serie de alguien que todavía vive. Le agradezco mucho a Silvia lo hermosa y lo respetuosa que fue. Lo único que puedo decir es gracias por abrirme su corazón, las puertas de su casa, de su vida. Ella estaba súper feliz contándome e involucrándose, siempre estuvo presente.

MC: *¿Cómo recibes los comentarios que hicieron de que salías con un actor que tú descubriste?*

CE: Nunca lo hubiera pensado. Los reporteros me preguntaron y yo ni siquiera lo tomé en cuenta, me reí. Al final lo que dije fue que me daba mucha tristeza que una persona sin razones para hacerlo hablara de mí e inventara todo eso, que Dios la bendiga. La gente que me conoce sabe perfectamente quien soy, no llevo un día ni dos, llevo años en este negocio y jamás en mi vida he andado con nadie del medio. William me escribió porque quería aclarar las cosas, pero la verdad no vale la pena, lo que quieren es promoción y yo no se las voy a dar. Al final Niurka nunca me habló, pero si me mandó disculpas por medio de recados.

MC: *Ahora, me imagino que fue muy difícil discutir todas las categorías de los Grammy cuando los reggaetoneros están molestos.*

CE: Nosotros, que somos del Board de los Grammys, no somos los que decidimos, pero en términos generales la música debe de tener un espacio y los Grammys a lo largo de muchos años han tenido un lugar y una posición muy importante en el espacio musical y espero que así siga. Para mí la música y todo lo que es actuación y expresión en todos los sentidos no debería de tener fronteras. No debería de tener vetos, no debería de tener colores, no debería tener nada, debería tener la puerta abierta. Si el arte penetrara más a través de nuestros pueblos te aseguro que habría menos robos y menos asaltos, menos gente enferma que hace daño. El arte toca fibras muy sensibles del ser y te hace cambiar, te hace ser diferente, más sensible.

Crea tu propia fórmula

Dedicarte a lo que te apasiona tiene muchas implicaciones y creo que Carla nos brindó una perspectiva sumamente interesante. Es esencial que encuentres tú manera de hacer las cosas, ese ingrediente único, esa estrategia que sólo tú, con tu experiencia y tus intentos, eres capaz de desarrollar. Inspírate con los demás, aprende con aquellas personas que consideras tus ídolos y tus ejemplos a seguir. Pero no te obligues a seguir los caminos de otros, confía en ti y atrévete a explorar tus propias rutas.

También ten presente que seguir tus sueños profesionales no tiene que separarte de tu familia, de tus hijos, de la posibilidad de vivir una historia de amor. No se trata de elegir entre una cosa u otra, como nos han hecho creer por mucho tiempo. Puedes tener todo lo que deseas en todos los ámbitos de tu vida.

Grafoterapia para crear tu propia fórmula

1. Piensa en aquello a lo que te dedicas profesionalmente, en tu negocio o en algún proyecto que quisieras emprender. Seguramente ahí afuera hay muchas personas que se dedican a lo mismo que tú o que tienen un negocio similar. Por un momento permítete dejar de pensar en "la competencia" que está allá afuera y céntrate en cómo puedes hacerlo tú de una manera única e irrepetible. Escribe cuál es tu peculiaridad, cuál es tu valor agregado, aquello que te hace único y exclusivo. Crea tu propia fórmula de éxito.

2. Elige uno de estos decretos y hazlo tuyo:

> Algunas personas piensan que aferrarse a las cosas las hace más fuertes, pero a veces se necesita más fuerza para soltar que para retener.
> —**Hermann Hesse**

El dolor te abandonará, cuando tú lo abandones.
—Jeremy Aldana

Dejar ir significa darse cuenta de que algunas personas forman parte de tu historia, pero no son tu destino.
—Steve Maraboli

A los que amo

¿Alguna vez has pensado en diseñar tu vida? Yo sí, muchas veces. A los diecisiete años entendí que la única responsable de mi vida era yo. Escuché a alguien diciendo que mi país siempre ha estado en crisis y que avanzaba quien quería avanzar. Inmediatamente pensé en mi papá y mi mamá, les han tocado todas las crisis habidas y por haber y a pesar de todo pronóstico, no se han rendido. Ellos han logrado hacer un patrimonio a la vez que han generado empleos y prosperidad en muchos hogares.

El cierre de este libro quiero dedicárselo a mis padres, a mi esposo Carlos, a Yorkie y a mi trabajo, ellos son los pilares más importantes de mi vida. Con ellos tres he diseñado mi destino, ellos en algunos momentos me han tomado de la mano y me han sostenido, en otros me han dejado desplegar las alas y volar alto. Por eso quiero contarles un poco de cada uno.

Mi mamá es una mujer invierno, es de cabello negro y de piel muy blanca, un contraste entre su fuerza interminable y su dulzura infinita. Es la mujer más valiente y divertida pero también es la persona que más me cuida y quien me enseñó que los libros y la información eran el mayor poder que me podía dar la vida.

Mi mamá también es grafóloga, abogada como yo y cada mañana me descubro más gestos de ella en mi propio rostro. Nadie le ayudó y todo lo que ha logrado ha sido por méritos propios.

Hoy quiero decirle a mi mamá, y que todo el mundo lo lea, que la amo, la admiro y la valoro con todas mis fuerzas. Cada día la entiendo más, cada día la amo más, no hay noche que no esté en mis oraciones, en donde quiera que se encuentre.

Mi papá es un hombre de verano, con su pelo castaño, sus ojos miel y su piel blanca. Es empresario, se dedica a la seguridad privada, pero la primera empresa y marca que creó fue a sí mismo. Él puede administrar lo que sea, pero sobre todo puede gestionar sus emociones. Perteneció a una familia de siete hermanos. Por ser güerito todo se lo vendían más caro. Un hombre con una enorme inteligencia emocional, una profunda claridad de ideas y la capacidad de reírse de sí mismo.

En él están los brazos que me protegen y me dan calma, es mi motivador y la tierra firme donde puedo pisar. Mi papa es mi rey Tritón, mi remanso de paz, mi carcajada y mi espejo.

Carlos Marín, mi esposo. En la prepa, antes de dormirme, pensaba que el amor de mi vida estaría en su cama pensando en mí. Hasta que en uno de mis cumpleaños hablé a mi hada madrina y le pedí un novio que me hiciera reír, que sus brazos fueran mi patria y, si se podía, que sus ojos fueran azules y su cabello rubio.

Yo conocí a Carlos en tribunales, en el 2009, tenía diecinueve años y él veinte. Ha sido mi primer y mi gran amor y también mi amor a primera vista, dudo que existan otros. Tardamos seis meses en salir porque a él le dio pena hablarme en aquel elevador. Sin embargo, el destino es puntual; cuando tuvimos nuestra primera cita, después de perder mi celular y mandarle un correo dándole todos mis datos, incluso mi dirección y teléfonos de mis familiares para que me pudiera contactar, todo cambió. Recuerdo que en el primer abrazo que nos dimos sentí electricidad y que nunca fueron para mí extrañas sus manos, fue como si mi cuerpo las hubiera reconocido de antes.

Carlos es el amor de mi vida, pero también es mi gran cómplice. Tenemos el mismo horrible sentido del humor, nos podemos contar todo y, aunque me dedico a analizar el lenguaje corporal, cuando lo veo a él me pierdo. Gracias a él y a su existencia sé que el amor para siempre sí existe, que el amor no es ciego sino sabio.

También amo a mi hijito Yorkie, un perrito *yorkshire*. Muchos pueden criticarme por el infinito amor que le tengo a mi perrito, que no es lo mismo que un hijo, entiendo lo maravilloso que debe ser tener hijos humanos, pero Yorkie es mi milagro, tiene personalidad y no estoy loca cuando digo que se parece a mí y a Carlos. Se los digo con orgullo, Yorkie es otro sueño hecho realidad.

Además de Yorkie tenemos tres pastores alemanes: Donna, Pastor y Germany. Ellos son bondad, amabilidad e inteligencia, son sumamente leales. Cada vez que los abrazo siento como el mundo es un mejor lugar gracias a que ellos logran reivindicarlo.

Otra de mis grandes pasiones es el trabajo, hacer contenido para ustedes. Todos los días estudio algo diferente con tal de dar información que sirva, que construya. Sí, yo sé que he tenido la fortuna de trabajar con personas muy importantes como Víctor Trujillo, López-Dóriga o Don Francisco. Estar en el programa matutino más importante de la televisión lo valoro y agradezco. Fue una sorpresa que me dio la vida, pero también la veo como una gran responsabilidad para aportar algo a la sociedad. Lo digo con humildad porque sé que soy insignificante, pero también sé que detrás de cada uno hay un mundo posible, enorme. Siempre lo he dicho y lo sostengo, somos más grandes en nuestro interior que el universo entero.

Conclusiones

Llegó el momento de concluir este el libro y me gustaría decir "es la última y nos vamos", pero estoy segura que nos volveremos a encontrar. Por el momento, como últimas palabras, quiero proponerte e incitarte a que diseñes tu vida. Quiero que aquí en estas líneas escribas cómo quieres verte físicamente, cómo quieres vestirte, qué tipo de ropa quieres usar. No quiero que escribas que vas a cambiar tu cuerpo porque es perfecto tal y como es. Pero sí que pienses que la ropa está comunicando, que tus gestos comunican. Por eso pregúntate si tu *look* y tu lenguaje no verbal proyectan eso que quieres comunicar.

¿Cómo quieres que sea tu vida amorosa? Diséñala y escribe una estrategia para lograrlo.

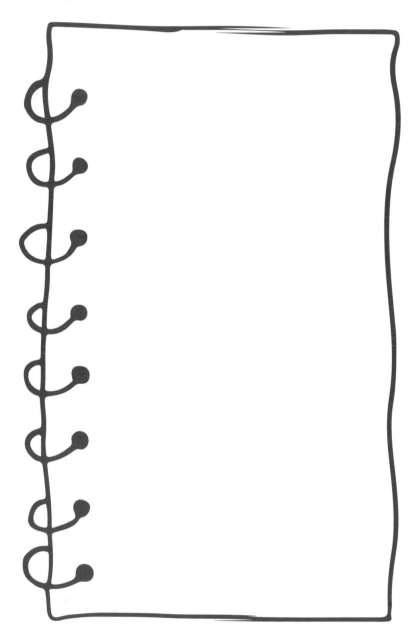

¿Cómo quieres que sea tu vida laboral?

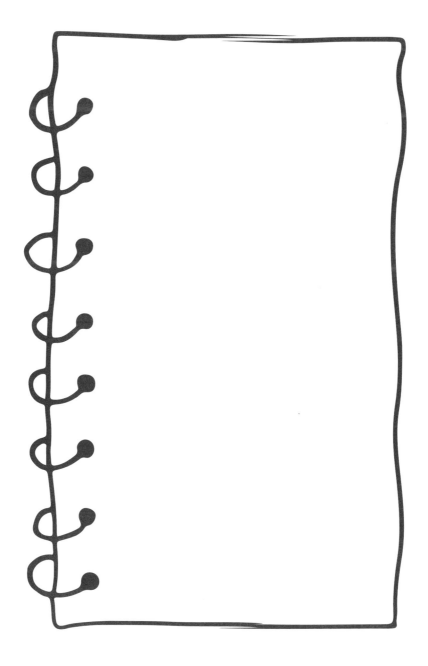

Ha llegado ese momento donde te perdonas y te das cuenta de todo ese poder que tienes y de todo eso que puedes lograr. Eres una persona poderosa e inteligente, con un mundo pwosible adentro y con la capacidad de crear el mundo que quieres. Lo mereces todo.

Epílogo:
Atrévete a escribir tu destino
por Fernando Coca

¿Te hablas a ti misma? ¿Con qué frecuencia? ¿De qué te hablas? Quizá estas preguntas no te las haces comúnmente pero quizá sí te hablas con frecuencia. Lo haces, quiero pensar, después de un mal día, en el que al parecer todo salió mal. Creo que también te dedicas unas palabras cuando todo ha salido tal y como lo planeaste. Sí, en los momentos de alegría, de triunfo, de éxito, ahí también te hablas.

¿Tienes redes sociales? ¿Te identificas con las personas que, aunque las conozcas o no, te sorprenden por lo que expresan en ese mundo virtual? En los últimos tiempos hemos conocido el otro lado de amigos, que son unos en las redes y otros en su vida —llamémosla así— normal.

Lo que María Fernanda Centeno, mi querida Maryfer, nos ha propuesto en este nuevo libro es que cada persona es capaz de construir su destino. Nos ha incitado a conocernos mejor, hablarnos mejor, tratarnos mejor.

Nos han dicho que el destino de cada uno está en nuestras manos, que uno es el "arquitecto de su vida", y creo que mucho hay de razón en ello. Soy un ferviente creyente de que dentro de uno mismo está la solución y también los problemas que nos aquejan en la vida. Sin embargo, las adversidades a las que nos enfrentamos en nuestra vida cotidiana tienen solución si contamos con la fuerza de la voluntad. Desde lo más profundo de nuestra mente podemos encaminar nuestro destino hacia donde queremos ir. Muchas personas lo han hecho. Se han encontrado en la encrucijada de dejarse vencer por la adversidad o levantarse, luchar y vencer.

La mente es la herramienta más poderosa que tenemos, es la que nos puede transportar de un muy mal momento en la vida a un escenario de tranquilidad y paz.

Aquí te encontraste con historias reales, de personas de carne y hueso, con sentimientos, anhelos, derrotas, éxitos y caídas que se convirtieron en la gran catapulta que hicieron de ellas lo que son ahora.

Sus historias confirman que todos en este mundo somos vulnerables pero fuertes. Que tenemos debilidades, pero también fortalezas que nos permiten, más que sobrevivir, vivir plenamente.

A veces creemos que hemos caído en el abismo, que no hay remedio que pueda hacernos volar, pero también, después de salir de las sombras, nos hemos dado cuenta de que somos seres humanos con la capacidad de fortalecernos.

Espero que después de cada historia reafirmes que tú tienes la fortaleza y la herramienta más poderosa. ¿Sabes dónde está ese instrumento? Está en tu mente. Tu cerebro es la llave mágica que abre todas las posibilidades de éxito, de paz, de tranquilidad.

Pero a esa cabeza hay que entrenarla, hay que hablar con ella, mimarla, ejercitarla. Para eso nuestra María Fernanda

Centeno nos diseñó esta serie de tests. Espero que una vez resueltos te tomes un tiempo para identificar los secretos guardados o aquellas cosas que no has querido ver en tu vida.

Ya abriste esa gran caja del conocimiento, realizaste una introspección y, a partir de hoy, tienes en tus manos, ahora sí, la capacidad para escribir tu destino.

¡Atrévete! Te vas a divertir y serás feliz.

Referencias de lectura

Aberasturi, Arminda. *El juego de construir casas*. Editorial Paidos: Buenos Aires, 1997.

Amen, Daniel. *Usa tu cerebro para rejuvenecer. Cómo verte, sentirte y pensar mejor cada día*. Editorial Océano, 2016.

Aubin, Henry. *El dibujo del niño inadaptado*. Editorial Laia: Barcelona, 1974.

Bernson, Marthe. *Del garabato al dibujo*. Editorial Kapelusz: Buenos Aires.

Bertrand, Regader. "Teoría de las inteligencias múltiples de Gardner". Disponible en: https://psicologiaymente.com/inteligencia/teoria-inteligencias-multiples-gardner

Caligor, Leopold. *La figura humana*. Editorial Kapelusz: Buenos Aires.

Chartier, Jean. *Test des maisons*. Autoedición. París.

Crotti, Evi y Magni, Alberto. *Garabatos. El lenguaje secreto de los niños*. Barcelona: Editorial Sirio, 2007.

Cymes, Miche. *Mima tu cerebro. Cómo cuidarlo para vivir mejor.* Ciudad de México: Diana, 2018.

Depouilly, Jacques. *Niños y primitivos.* Editorial Kapelusz, 1965.

Di Leo, Joseph H. *El dibujo y el diagnóstico psicológico del niño normal y anormal de 1 a 6 años.* Editorial Paidos: Buenos Aires, 1978.

Díaz Arnal, Isabel. *El lenguaje gráfico del niño deficiente.* Editado por C.S.I.C. Inst. S.J. Calasanz: Madrid, 1959.

Dupont, Luc. *1001 trucos publicitarios.* Editorial Masterclass, 2010.

Edwin Abt, Lawrence. *Psicología proyectiva.* Editorial Paidos, 1967.

Escribano, Juan M. *El dibujo personal en el machover.* Editorial Digesa: Madrid: 1978.

Falcinelli, Riccardo. *Cromorama. Cómo el color transforma nuestra visión del mundo.* Taurus, 2019.

James, Judi. *La biblia del lenguaje corporal. Guia práctica para interpretar los gestos y las expresiones de las personas.* Paidos, 2013.

"Los ocho tipos de inteligencia según Howard Gardner". Disponible en: https://www.liderdelemprendimiento.com/conceptos/los-8-tipos-de-inteligencia-segun-howard-gardner/

Martos, Alicia: "Dime dónde miras y te diré si mientes, ¿es cierto?". Disponible en: https://blogs.20minutos.es/

comunicacion-no-verbal-lo-que-no-nos-cuentan/2016/05/09/
dime-donde-miras-y-te-dire-si-mientes/

Morris, Desmond. *El mono desnudo.* Debolsillo, 2015.

Ortega y Gasset, José. *La rebelión de las masas.* Ciudad de México: Editorial Austral, 2020.

Pease, Alan y Pease, Bárbara: *El lenguaje del cuerpo. Cómo interpretar a los demás a través de sus gestos.* Amat Editorial.

Analízate de Maryfer Centeno
se terminó de imprimir en agosto de 2022
en los talleres de
Litográfica Ingramex, S.A. de C.V.
Centeno 162-1, Col. Granjas Esmeralda, C.P. 09810
Ciudad de México.